THÈSE

POUR

LE DOCTORAT

SOUTENUE

Par Henri-Robert-Philippe FAUCHE,

AVOCAT A LA COUR IMPÉRIALE DE PARIS.

PARIS,

CHARLES DE MOURGUES FRÈRES, SUCCESSEURS DE VINCHON,

Imprimeurs-Éditeurs de la Faculté de Droit de Paris,

RUE JEAN-JACQUES ROUSSEAU, 8

1865

DE L'EMPHYTÉOSE

EN DROIT ROMAIN ET EN DROIT FRANÇAIS

THÈSE

POUR LE DOCTORAT

SOUTENUE

le jeudi 19 janvier 1865, à midi,

Par **Henri-Robert-Philippe FAUCHE**,

AVOCAT A LA COUR IMPÉRIALE,

En présence de M. l'inspecteur général Ch. GIRAUD.

Président : M. MACHELARD, Professeur,

Suffragants :
MM. VALETTE,
CHAMBELLAN,
DEMANTE,
LABBÉ;

Professeurs.

Agrég.

Le Candidat répondra aux questions qui lui seront faites sur les autres matières de l'enseignement.

PARIS,

CHARLES DE MOURGUES FRÈRES, SUCCESSEURS DE VINCHON,
IMPRIMEURS-ÉDITEURS DE LA FACULTÉ DE DROIT DE PARIS,
Rue J.-J. Rousseau, 8.

1865.

DIVISION DES MATIÈRES.

DROIT ROMAIN.

ORIGINE DE L'EMPHYTÉOSE.

Pages.

Étude successive des concessions de *l'ager pub'icus*, de *l'ager recti-galis*, et du *jus perpetuum* comparées à l'emphytéose............ 1 à 28

CARACTÈRES DE CETTE CONCESSION A L'ÉPOQUE DE ZÉNON.

Sa nature. — Droits et obligations du preneur. — Modes de création, de transmission, d'extinction de l'emphytéose.................. 28 à 51

Changements apportés par Justinien............................... 51 à 73

Étude de quelques emphytéoses spéciales....................... 73 à 80

DROIT FRANÇAIS.

Pages

Étude rapide des principales concessions d'origine germanique ou romaine en usage à l'époque franque, en les comparant à l'emphytéose.. 81 à 92

ÉPOQUE FÉODALE.

Examen de la nature de l'emphytéose. — Étude de ses caractères comparés à ceux des principales concessions féodales. — Droits et obligations du preneur. — Modes de création, de transmission et d'extinction de l'emphytéose.............. 92 à 141

DROIT INTERMÉDIAIRE.

Examen des changements introduits, soit à la nature, soit aux caractères de cette concession....................................... 141 à 149

DROIT ACTUEL.

Examen de la controverse sur l'existence actuelle de l'emphytéose. 149 à 165

Exposé rapide des conséquences des deux principales opinions... 165 à 177

Conclusion... 178

Positions.. 179

DE L'EMPHYTÉOSE

Les auteurs sont loin d'être d'accord sur l'origine de cette concession, dont la nature n'a été législativement fixée que par la Constitution de Zénon formant la L. 1 au Code de Justinien, tit. 66, liv. IV.

Cependant, et pour procéder avec plus de méthode, nous allons chercher quelle a pu être cette origine avant de nous occuper de ses caractères, caractères qui, du reste, n'ont pas été les mêmes à l'époque antérieure et à l'époque postérieure à la Constitution de l'empereur Zénon.

QU'ELLE EST L'ORIGINE DE L'EMPHYTÉOSE?

On a cru voir l'origine de cette concession dans celles de l'*ager publicus*. Chacun sait que cet *ager* avait été créé, puis augmenté par les conquêtes de Rome; une partie des terres conquises, au lieu d'être divisée entre les vainqueurs ou colonisée, fut conservée indivise ou plutôt commune, et cela sans doute à l'origine afin de rendre plus facile le parcours et l'élève des bestiaux. Plus tard, cet *ager publicus* ayant pris un très-grand développement, on voulut en tirer un meilleur parti, et alors, moyennant un *vectigal* (redevance) des portions de l'*ager* furent concédées à des particuliers, mais cette concession avait un caractère essentiellement précaire, le peuple romain était seul propriétaire et pouvait, *ad nutum*, révoquer la concession, quand même le concessionnaire aurait acquitté exactement le *vectigal*.

En fait, ces concessions étaient presque exclusivement accordées aux patriciens, car le Sénat, étant le corps chargé de la gestion des biens de la République, cherchait assez naturellement à conserver aux mains de ses membres cet immense moyen d'influence et de richesse.

Du reste, les patriciens faisaient aussi participer le peuple au bienfait de cette jouissance; ils sous-concédaient à leurs clients des portions de leurs concessions moyennant une redevance supérieure au vectigal, mais cependant minime encore, de sorte qu'il y avait profit et pour eux et pour leurs clients.

Mais quel que fût le temps qu'eût duré une concession

ou sous-concession de ce genre, le vice de précarité l'infestait toujours. Seulement les détenteurs s'habituaient à considérer leur *possessio*, au secours de laquelle le préteur était venu par ses interdits, comme une véritable propriété, (elle en avait les caractères à l'égard de tous autres que la République, et cela d'autant plus que les concessionnaires s'étaient souvent affranchis du payement du vectigal). Aussi, quand des tribuns comme les Gracques voulurent faire exécuter la loi et reprendre les biens appartenant à l'État, ils rencontrèrent des résistances invincibles, et y perdirent la vie.

MM. Vuy, Laboulaye et Pépin Le Halleur ont vu dans ces concessions l'origine première de l'emphytéose.

MM. Troplong et Blondeau n'ont pas admis cette opinion. M. Troplong se base principalement sur ce fait, que, si haut que l'on remonte, l'emphytéose a pour caractère distinctif la permanence du droit de l'emphytéote, s'il acquitte le canon, *id est* la redevance. Or, les concessions de *l'ager publicus* étaient toujours précaires, et jusque sous les empereurs, tant qu'une parcelle de *l'ager publicus* a subsisté, on voit de ces révocations, (L. 11, Dig., liv. XXI, tit. IV). Il faut donc, à moins de vouloir voir des analogies dans les institutions les plus dissemblables, reconnaître avec MM. Troplong et Blondeau que l'emphytéose ne vient pas des concessions de *l'ager publicus*.

Mais vient-elle de la *localio* de cet *ager*, ainsi que le veulent aussi MM. Vuy et Pépin Le Halleur; ils ne voient dans ce nouveau mode de concession de *l'ager publicus* qu'un pas de plus fait vers l'emphytéose? M. Troplong s'y refuse également. Il n'admet pas, d'accord en cela

avec M. Niebuhr, que jamais les terres de l'*ager publicus*
aient été l'objet d'une « *localio* » de courte ou de longue
durée ; les textes, fort rares d'ailleurs, qui unissent ces
deux mots s'appliquent, ou bien à de simples concessions essentiellement révocables, et par suite ne diffé-
rant en rien des concessions primitives de l'*ager publicus*,
(L. 11, liv. 39. Dig., tit. IV), ou à la location, non pas des
terres de cet *ager*, mais du vectigal dû au fisc par les
possessores de ces terres, et mis à ferme, parce que souvent il était en nature, et que le fisc voulait s'éviter une
surveillance coûteuse et embarrassante.

Du reste, même en admettant avec MM. Vuy et Pépin
Le Halleur la *localio* des terres elles-mêmes, resterait
toujours l'objection tirée de la précarité de ce nouveau
mode de concession de l'*ager publicus* et prouvée par la
L. 11, liv. 39, Dig., tit. IV, précitée ; elle ne permettrait
pas d'y chercher le point de départ de l'emphytéose.

Vainement essaierait-on de prétendre que cette loi
exige l'autorisation du prince seulement pour permettre
au curateur d'expulser le preneur à perpétuité de l'*ager
publicus* s'il n'accomplit pas ses obligations ; ce cas est
prévu dans le § 1 de la loi qui précède, et, quelque peu
partisan que l'on soit de Tribonien, on ne doit admettre
des répétitions de ce genre que lorsqu'il est impossible
de faire autrement, et non pas seulement dans le but de
soutenir un système. L'explication de MM. Troplong et
Niebuhr évite ce pléonasme, explique le texte de la manière la plus naturelle, et maintient aux concessions de
l'*ager publicus* le caractère qu'elles ont eu de tout temps,
c'est-à-dire la précarité.

A l'égard des terres provinciales, est-il possible de

voir dans leur mode de concession le berceau de l'emphytéose? Ces terres se distinguaient de l'*ager publicus*, en ce que, comme lui produit de la conquête, elles avaient été laissées à leurs anciens propriétaires, au lieu de leur avoir été enlevées et mises en commun au profit de la République. Seulement, cette différence de fait n'avait à l'origine aucune influence sur le droit; le peuple romain était seul propriétaire de ces terres, les anciens propriétaires à qui on les laissait, n'étaient que des *possessores* de la chose d'autrui, et en reconnaissance de ce domaine payaient au trésor public le vectigal, origine de l'impôt foncier.

Ainsi, dans le principe, la possession de ces terres ne se distinguait pas, malgré la différence du mode de concession, de celle de l'*ager publicus* accordée à des patriciens par le Sénat, et par ceux-ci à leurs clients; précaires toutes les deux, elles payaient au trésor public un impôt en reconnaissance de son droit de propriété. Nous ne pouvons donc voir dans ce genre de possession, pas plus que dans celui de l'*ager publicus*, le point de départ de l'emphytéose.

Plus tard il est vrai, et grâce à leur longue possession, ceux à qui le peuple romain avait concédé la jouissance des terres provinciales, protégés par le préteur qui prit cet état de choses en considération, devinrent de véritables propriétaires, même à l'égard du trésor public, qui ne put plus à volonté les priver de leurs fonds. Ils n'étaient pas cependant *domini ex jure quiritium*, mais ils avaient ce que les interprètes ont appelé le *dominium bonitarium*, c'est-à-dire qu'ils avaient le fonds *in bonis*, distinction qui en pratique et grâce aux actions fictices, perdit son importance, et qui fut supprimée par Justinien.

M. Troplong se refuse à trouver dans cette possession, même ainsi modifiée, le berceau de notre concession qui, s'il en était ainsi, ne se distinguerait presque pas de la propriété, quand, au contraire, et comme nous le verrons plus tard, l'emphytéose à cette époque était considérée par la généralité des jurisconsultes, Gaïus entre autres, comme une variété du louage.

Nos recherches jusqu'à présent ne nous ont guère amenés qu'à un seul résultat négatif, serons-nous plus heureux en cherchant l'origine de l'emphytéose dans le *jus in agro vectigali?*

L'*ager vectigalis* était la terre appartenant aux cités; celles-ci la concédaient soit à bail ordinaire, soit pour cent ans, soit à perpétuité; nous n'avons pas à nous occuper du bail ordinaire, quant aux deux autres formes de concession, qui prirent le nom de *jus in agro vectigali*, elles ont, de l'avis de la majorité des auteurs, de grandes analogies avec l'emphytéose.

M. Pépin Le Halleur ne voit dans le *jus in agro vectigali* que l'application aux terres des cités du genre de concession en usage depuis fort longtemps pour les terres du domaine public. M. Troplong au contraire, se basant sur son caractère non précaire reconnu par M. Pépin Le Halleur lui-même, et l'opposant à la précarité des concessions de l'*ager publicus*, en tire la conséquence que ces deux modes de concession ne dérivent pas l'un de l'autre, mais sont distincts et différents.

Aussi MM. Pépin Le Halleur et Troplong sont-ils arrivés au même résultat par des chemins différents; l'un, ayant cru trouver la première origine de l'emphytéose dans l'*ager publicus* concédé aux patriciens, et voyant dans le *jus in agro vectigali* une application aux terres des cités de ce mode de concession avec un caractère de permanence tout nouveau, reconnaît dans ce *jus* un pas fait par la législation vers ce qui sera plus tard l'emphytéose.

Le second, qui se refuse à voir dans les concessions de l'*ager publicus* le berceau de notre contrat à cause de leur caractère précaire, admet au contraire que le *jus in agro vectigali*, vu sa permanence, a été l'origine de l'emphytéose.

Ce n'est pas la seule raison d'en décider ainsi, et MM. Pépin Le Halleur et Troplong se rencontrent sur presque tous les autres points tendant à prouver que l'emphytéose est une déduction du *jus in agro vectigali*.

Voyons sommairement les caractères les plus importants de ce droit :

Ainsi que nous l'avons déjà dit, il était quelquefois centenaire, le plus souvent perpétuel. Comme son but était de mettre en rapport de grandes étendues de terres souvent incultes, il fallait intéresser le concessionnaire à l'amélioration du fonds, et le meilleur moyen était de lui assurer la jouissance perpétuelle des terres par lui améliorées, pourvu qu'il acquittât régulièrement le vectigal. Tant que cette condition était remplie le fonds restait entre ses mains, ou celle de ses héritiers.

Le concessionnaire de l'*ager vectigalis* faisait les fruits siens par la séparation du sol.

Il pouvait engager le fonds, intenter l'action *de com-*

muni dividundo contre ses associés au cas d'exploitation en commun. Comme *possessor*, il pouvait invoquer les différents interdits, soit pour conserver, soit pour rentrer en possession du fonds. Nous devons remarquer en passant l'anomalie qui existe dans ce fait, car n'étant pas propriétaire, comme nous le montrerons plus tard, et en réalité possédant pour autrui (pour la cité dont il tient la concession), les jurisconsultes lui ont pourtant accordé le titre et les prérogatives de celui qui détient pour son propre compte.

Outre ces interdits le concessionnaire avait une *actio in rem*, une action réelle qu'il pouvait intenter non-seulement contre des tiers, mais aussi contre la cité propriétaire du fonds, tant qu'il acquittait le vectigal. (Liv. VI, titre 3. Dig., L. 1, § 1, 2 et 3.)

Selon MM. Troplong et Ortolan, il avait aussi la *Publiciana in rem actio;* M. Pépin Le Halleur ne l'admet pas. La Loi 12, § 2, Dig.. *de Publiciana in rem actione*, seul fragment où il soit question de la Publicienne appliquée à un *ager vectigalis*, s'occupe, selon lui, du cas où le concessionnaire a acquis un *ager vectigalis*, croyant acquérir un fonds privé, et en obtenir la pleine propriété ; il pourra donc invoquer la Publicienne comme possesseur de bonne foi tendant à prescrire cette pleine propriété, et non comme concessionnaire d'un *ager vectigalis* tendant à prescrire le *jus in agro vectigali*. Il invoque à l'appui de cette explication les motifs suivants : 1° Le texte dit : « *ager vectigalis*, » et non pas « *jus in agro vectigali*, » ce qui montre que le jurisconsulte a voulu parler de l'acquisition non d'un *jus in fundo* qui n'est pas susceptible d'usucapion vu sa nature, mais du fonds lui-même en toute propriété; c'est, se plaçant dans cette dernière hypothèse ou l'usucapion au contraire est possible, qu'il accorde à l'acheteur la Publicienne; 2° le mot « *forte* » qui se trouve un peu plus bas se comprend fort bien avec ce système; il est difficile en effet d'être de bonne foi en achetant comme *privatus* un *ager vectigalis*, mais il est très-facile d'être de bonne foi en achetant un *jus in agro vectigali* à un tiers possesseur que l'on croit être le vrai concessionnaire; avec cette deuxième explication de la loi le mot « *forte* » appliqué à la bonne foi ne se comprend plus.

Malgré la force de ces arguments nous préférons l'opinion contraire. Les mots « *ager publicus*, » sont fréquemment employés pour ceux-ci, « *jus in agro vectigali;* » tirer tout un système de l'expression « *forte* » nous semble hasardé, et nous verrons plus tard que la Publicienne n'est pas réservée à ceux-là seuls qui peuvent prescrire.

Ce qui pour nous tranche la question, c'est le paragraphe suivant de la même loi; elle donne une solution identique : « *Idem est* » pour le cas d'acquisition *a non domino* d'un droit de superficie; et ici on ne peut prétendre qu'il s'agit de l'achat de la pleine propriété de l'îlot de maisons, le texte dit formellement que la superficie a seule été l'objet du contrat. Il faut conclure que dans le paragraphe précédent, comme dans celui-ci, il s'agit de l'achat, non de la pleine propriété, mais du *jus in re*, et que l'acheteur *a non domino* d'un *jus in agro vectigali* aura la Publicienne, tout comme l'acheteur d'un droit de superficie.

Il a aussi d'autres actions destinées à le garantir contre

les entreprises d'autrui, et généralement réservées au propriétaire, *arborum furtim cœsarum, aquæ pluviæ arcendæ.*

Comme *possessor*, il ne doit pas la *cautio judicio sistendi causa*, et paye les impôts.

Sous beaucoup de rapports, nous venons de le voir, il se rapproche du propriétaire, mais on se tromperait étrangement si on voulait pousser plus loin l'assimilation. Un texte formel nous indique le véritable caractère de cette concession, c'est la loi 1, Dig,, *si ager vectigalis*; elle fait remise du vectigal au concessionnaire dans les années stériles; or c'est là une prérogative qui n'appartient qu'au fermier. Il faut conclure, vu la périodicité de la redevance, et la mise des risques à la charge du concédant, que cette concession se rapproche plus du louage que de la vente, et par suite, sauf les cas parfaitement tranchés, résoudre toutes les questions qui peuvent s'élever conformément aux règles du louage : ainsi pour l'aliénation de la concession, pour la constitution de servitudes, pour l'invention de trésors; Gaïus qui en décide ainsi, Com III, § 145, ne dit pas qu'elle fasse l'objet de controverses de son temps. Le concessionnaire ne peut donc grever le fonds de servitudes, les actions *in rem* ne pouvant exister qu'en vertu de lois formelles. Il ne peut aliéner son droit qu'en restant personnellement tenu du payement du vectigal, il le perd par le non payement du vectigal pendant deux ans, ce qui était le droit commun en matière de louage, enfin le trésor trouvé sur le fonds appartient à la cité concédante.

Nous verrons, lorsque nous étudierons les caractères de l'emphytéose, combien il y a d'analogie entre eux et ceux du *jus in agro vectigali*, aussi faut-il reconnaître dans ce dernier le prédécesseur de notre concession.

Mais ce mode de jouissance était-il applicable aux terres des particuliers? M. Pépin Le Halleur le croit, malgré l'absence complète de texte à ce sujet, le texte de Columelle qu'il cite s'appliquant, non à une concession vectigalienne, mais à des baux ordinaires qui ont été renouvelés de père en fils, de sorte que depuis de longues années c'est la même famille qui cultive la même terre.

Voyons maintenant par quelle progression le *jus in agro vectigali* appliqué aux terres des cités est devenu le *jus emphyteuticum* appliqué même aux terres des particuliers.

Cette transformation a été amenée par deux causes concomitantes; l'extension croissante des grands domaines, tant des empereurs que des particuliers, et la dépopulation de l'empire due aux guerres continuelles.

L'*ager publicus* avait à peu près disparu, ses derniers restes étaient venus se fondre dans le domaine impérial. Les terres qui formaient ce domaine, et dont les revenus s'appliquaient en droit, les uns aux dépenses de l'Etat *fundi rei privatæ*, les autres aux dépenses personnelles des princes *fundi patrimoniales*, distinction fréquemment violée en fait, avaient pris, grâce aux confiscations si nombreuses pour crime de lèse-majesté et plus tard d'hérésie, un accroissement très-considérable; mais la dépopulation des campagnes et même des villes avait rendu ces terres presque partout incultes. Aussi voyons-nous les empereurs, presque dès le commencement de l'empire, chercher par tous les moyens à arrêter ce dépeuplement et cet abandon des terres, causé en grande partie par l'exagération des redevances et impôts qui rendait la culture impossible. Tantôt, comme condition de la concession de terres fertiles, ils obligent les preneurs à prendre et cultiver telle quantité de terres incultes et désertes; tantôt ils permettent de s'emparer des terres abandonnées et de les acquérir en les cultivant; vains moyens, le mal empirait toujours, c'étaient les institutions elles-mêmes qui étaient vicieuses, et les empereurs ne les réformaient pas.

Un des moyens le plus fréquemment employé par eux pour arriver à faire cultiver leurs terres, fut la concession à perpétuité de partie de leurs domaines. Cette concession ne porte pas le nom de *jus in agro vectigali* qui est réservé aux concessions de terres municipales; mais si le nom n'y est pas, la chose y est. Ces concessions portent le nom de *jus perpetuum salvo canone* ou *perpetuarium*, de *jus privatum salvo canone* et enfin de *jus emphyteuticarium* ou *emphyteuticum*. Nous laissons pour le moment cette dernière dénomination, qui n'est autre chose que l'emphytéose, pour nous attacher à celles qui l'ont précédée; le nom d'emphytéose se rencontre, en effet, pour la première fois dans Ulpien, et quelques auteurs pensent que ce jurisconsulte a été interpolé par Tribonien.

Les empereurs savaient fort bien que rien ne pousse autant à améliorer une terre que le sentiment que l'on en est propriétaire, et que plus on se rapproche de cette qualité, plus on travaille à cet amendement. De là ces concessions perpétuelles qui, sous différents noms, dérivent évidemment du *jus in agro vectigali*, et que les empereurs, dans de nombreuses constitutions, garantissent, tant contre les empiétements des voisins, que contre les caprices du despotisme lui-même.

M. Vuy a vu dans ces dernières la preuve, qu'en prin-cipe les concessions du domaine impérial étaient pré-caires, que par conséquent elles dérivaient de celles de l'*ager publicus*, plutôt que de celles des terres munici-pales; MM. Niebuhr, Troplong et Pépin Le Halleur re-jettent cette conclusion; les textes des lois sur lesquelles M. Vuy s'appuie n'indiquent pas d'une manière formelle l'introduction d'un droit nouveau, et peuvent fort bien s'expliquer par ce fait, que les empereurs voulaient ga-rantir les preneurs tant temporaires qu'à perpétuité, car ces constitutions s'appliquent aux uns et aux autres, des augmentations de prix, expulsions, etc., consé-quences fréquentes de l'avidité et de l'arbitraire des empereurs et de leurs agents; il était nécessaire, en pré-sence de faits si anormaux, de rappeler les principes les plus vulgaires du droit, le respect des conventions libre-ment faites. Cette explication est confirmée par le rappro-chement dans ces constitutions du *jus perpetuum* et du *jus conductionis*, simple louage; personne ne pourra tirer, comme conséquence de ces lois, que le louage des terres du domaine impérial était précaire avant leur pro-mulgation; dès-lors, si cette conséquence est inadmissible pour le simple louage, il ne faut pas l'admettre davan-tage pour l'autre genre de concession dont il est parlé.

Examinons maintenant rapidement ces concessions perpétuelles dénommées tantôt *jus privatum salvo ca-none*, tantôt *jus perpetuum* ou *perpetuarium*, pour arri-ver enfin au *jus emphyteuticarium* ou *emphyteuticum*.

Les deux premiers droits que nous venons de citer sont-ils synonymes? MM. Vuy et Troplong le pensent, ou du moins ne font aucune distinction entre eux. M. Pépin Le Halleur croit découvrir dans les différents textes qui traitent de ces deux droits, une distinction radicale. Il voit dans le *jus privatum salvo canone* quelque chose de plus que dans le *jus perpetuum salvo canone*, et répond à l'objection tirée de la Loi 7, au Code de Justinien, *De omni agro deserto*, qui applique la même règle aux deux droits pour le cas où une personne aurait mis en culture un terrain abandonné du domaine impérial : ils ne sont pas de nature différente, mais le premier est plus étendu.

Voici en quoi il consisterait : ce serait une vente, une vente véritable, d'une terre du domaine impérial, moyennant un prix, et de plus moyennant une redevance perpétuelle ; le fonds deviendrait *privatus*, appartiendrait au particulier acquéreur. Le *jus perpetuum*, au contraire, ne constituerait pas une vente, laisserait le fonds dans le domaine impérial, et donnerait au preneur seulement un droit analogue à celui du concessionnaire d'un *ager vectigalis*.

Cette distinction résulterait : des Lois 9 et 10, C. Just., *De fund. patr.*, où il est question de *fundi* du domaine impérial *empti privato jure salvo canone*, qui ne doivent plus être mis au nombre des *fundi patrimoniales*, terres appartenant au domaine impérial ; de la Loi 13, C. Just., *De fundis patrimonialibus*, où, parlant de l'aliénation de terres du domaine impérial faite *salvo canone*, il est dit, que c'est *ad jus transferre privatum* ; et de la L. 7, C. Just., *De fund. rei privatæ*, qui défend l'aliénation des *fundi rei dominicæ*, terres du domaine public de l'État, « *dempto canone*, » et la permet par suite « *salvo canone* » De ces textes il ressortirait : 1° que l'aliénation des terres du domaine public impérial était prohibée quand elle était pure et simple, permise *salvo canone*, qu'il en était de même du domaine privé des empereurs *per tractum orientis;* 2° que cette aliénation avec réserve d'un canon perpétuel destiné à enrichir le fisc impérial prenait lé nom de *jus privatum;* 3° enfin que, étant une aliénation, elle constituait un droit différent du *jus perpetuum salvo canone*, qui laissait les fonds concédés « *conditione propria constituti,* » c'est-à-dire ne les faisait pas passer dans le domaine d'un particulier.

En admettant la conjecture de M. Pépin Le Halleur, il faudrait donc reconnaître que le *jus privatum salvo canone* ne devrait pas être regardé comme un des progrès de la législation vers l'emphytéose. Reste le *jus perpetuum salvo canone*, application au domaine impérial du *jus in agro vectigali* qui, de l'avis commun, est le dernier pas fait avant d'arriver à l'emphytéose.

Nous voici arrivés à l'époque où l'on rencontre ce terme « *jus emphyteuticarium* » pour la première fois dans les textes, c'est Ulpien qui l'emploie, mais il ne devient usuel qu'à l'époque de Dioclétien et de Maximien; on rencontre cependant encore très-fréquemment le « *jus perpetuum salvo canone;* » aussi s'est-on demandé si les deux expressions étaient synonymes. MM. Godefroy et Troplong ne le mettent pas en doute, vu lá L. I, C. Just., *De officio comitis sacri palatii.* M. Pépin Le Halleur n'accorde à cette loi qu'une confiance médiocre, craignant une interpolation, et faisant la remarque, que dans les sources le *jus perpetuum* est appliqué aux *fundi rei privatæ*, et le *jus emphyteuticum* aux *fundi patrimoniales.* (L. XIII, C. Just., *De prædiis et aliis rebus min.*)

Mais il nous faut reconnaître d'autre part que d'autres textes semblent faire une distinction entre les « *fundi patrimoniales* » et les « *fundi emphiteuticarii.* » Aussi, faute de preuves suffisantes rejetons-nous cette distinction. Mais ne pourrions-nous pas en découvrir une plus réelle que nous indiquerait le nom même d'emphytéose, de *ευφυτευω*, mettre en culture, planter.

Nous avons déjà dit quelles causes avaient amené les empereurs a appliquer à leurs domaines devenus trop vastes et mal cultivés le *jus in agro vectigali*, sous le nom de *jus perpetuum*, destiné par ses avantages à ramener à la culture de la terre ceux que les redevances arbitrairement augmentées en avaient chassés ; l'emphytéose eut le même but ; mais, d'après M. Pépin Le Halleur elle aurait renfermé un stimulant de plus pour le concessionnaire, la libération de tout canon pendant deux années, comme conséquence de son obligation d'ajouter aux terres fertiles de sa concession les terres stériles avoisinantes. Cette différence serait indiquée dans la L. VII, C. Just. *De omni agro deserto ;* mais, chose bizarre, en la reproduisant l'auteur sus-mentionné remplaçant par une simple virgule le point qui se trouve dans le texte, change le sens de la loi, de manière à ce que celle-ci renverse son système, et mette sous ce rapport sur la même ligne le *jus perpetuum* et le *jus emphyteuticum.*

Même en admettant l'existence de cette différence qui ne nous est rien moins que démontrée, nous ne comprendrions cependant pas quel rapport il peut exister entre elle et la racine du mot emphytéose, rapport qui est le point de départ du raisonnement de M. Le Halleur.

En effet, l'obligation d'ajouter à nne terre fertile une certaine quantité de terres stériles avoisinantes pour les cultiver, n'existait pas seulement pour l'emphytéote, mais encore pour le concessionnaire d'un *jus perpetuum*, ou même *privatum*, et pour le simple *conductor* d'un fonds du domaine impérial.

Du domaine impérial, l'emphytéose passa dans le domaine des particuliers, mais seulement bien plus tard, et peu de temps avant le règne de Zénon. Elle y fut appelée par les mêmes maux : dépopulation des campagnes, abandon de la culture vu les vexations du fisc et des propriétaires devenus détenteurs de provinces entières.

Nous en avons terminé avec l'étude des origines de notre concession ; il s'agit maintenant d'examiner ses caractères. Pour cela nous la comparerons au *jus perpetuum salvo canone* qui l'a précédé, puis a coexisté avec elle, et que nous allons d'abord rapidement étudier.

EXAMEN DU JUS PRIVATUM ET DU JUS PERPETUUM.

Nous avons indiqué plus haut la différence qui, d'après M. Pépin Le Halleur, existe entre le *jus privatum* et le *jus perpetuum salvo canone;* le premier constitue une vente, le second une concession perpétuelle d'un fonds du domaine impérial. Nous en avons tiré la conséquence qu'il n'était pas possible de considérer l'emphytéose comme dérivant du premier. En lisant M. Le Halleur on serait presque tenté de croire, bien qu'il ne le dise pas formellement, que ce *jus* a, tout comme le *perpetuum* servi à créer notre concession. Il voit en effet peu de différences pratiques entre le *jus privatum* et le *jus perpetuum*. Voici celles qu'il indique : 1° le droit pour les concessionnaires du premier de donner la liberté aux esclaves du fonds par eux acheté, « *cum fundorum sint domini;* » il explique ainsi la L. XII, C. Just., *De fund. patr.*, appliquant l'expression de « *domini* » aux seuls concessionnaires du *jus privatum*, et non à ceux du *jus perpetuum seu emphyteuticarium.*

Pour nous, nous laisserons au texte son sens général, malgré l'inexactitude de l'expression « *dominus* » appliquée à l'emphytéote; et nous empruntons notre principal argument à la théorie même de M. Le Halleur sur le *jus privatum*. Quels sont ceux à qui la loi ci-dessus citée donne le droit d'affranchir les esclaves du fonds? C'est aux détenteurs de *fundi patrimoniales seu emphyteuticarii;* or n'avons-nous pas vu plus haut qu'un des motifs les plus sérieux invoqués par M. Pépin, pour faire admettre la distinction entre le *jus privatum* et le *jus perpetuum*, était précisément que les *fundi patrimoniales* cessaient de l'être dès qu'ils avaient été concédés *jure privato*, tandis qu'il en était différemment de ceux concédés *jure perpetuo.*

. Nous invoquerons encore en ce sens la L. 2, C. Just., *De mancipiis et colonis patr.*, qui, s'occupant des colons de fonds emphytéotiques, leur refuse la qualité de *domini* et le droit d'affranchir les esclaves; comprendrait-on la nécessité d'une semblable prohibition, si l'emphytéote lui-même n'avait pas ce droit? Il faut donc écarter cette première différence pratique.

2° La deuxième, conséquence de l'expression « *do-*

mini » qui se trouve dans le texte précité, serait le droit pour l'acheteur d'un fonds *ex privato jure* d'aliéner son droit; mais nous venons de le voir, ce texte ne saurait être invoqué.

3° Le concessionnaire d'un *jus privatum salvo canone* doit-il les impôts?

Nous savons que, du moins en principe, le domaine impérial était exempt d'impôts; mais la constitution d'un *jus privatum* équivalant de l'avis de M. Le Halleur à une aliénation, le fonds n'appartenait plus au domaine et devenait susceptible d'impôt; c'est la loi 9 au même titre qui, avec la loi 10, sert d'appui à son opinion. La première distingue les *fundi empti privato jure* et les *fundi patrimoniales* en matière d'impôts, la deuxième, d'après M. Le Halleur, indiquerait la condition de ces derniers, qui seraient déchargés de l'impôt foncier, et par voie d'opposition y soumettrait les premiers.

Même en admettant cette interprétation, nous verrons un peu plus tard que cela ne constituerait peut-être pas une différence.

Quant à deux différences sur la quotité et l'établissement de l'impôt que l'on prétendrait tirer de la L. 2, C. Just., *De fund. rei privat.*, à cause du mot « *domini,* » nous ne saurions y souscrire, ni tant déduire d'un seul mot. Nous appliquerions plus volontiers la loi à tout concessionnaire perpétuel de terres du domaine *rei privatœ*. Cette dérogation au droit commun, en matière d'impôts, s'expliquerait par le désir de trouver des concessionnaires et de pousser aux améliorations, en n'imposant pas ces dernières, et en ne mettant pas l'arriéré à la charge du nouveau preneur.

Cela dit au sujet du *jus privatum salvo canone*, examinons à son tour le *jus perpetuum*, qui va par avance nous indiquer presque tous les caractères de l'emphytéose jusqu'à Zénon, et où nous retrouverons presque tous ceux du *jus in agro vectigali*, origine première de l'emphythéose.

Le concessionnaire n'est pas propriétaire; peut-il aliéner son droit? Il le peut, mais à la charge de rester tenu du canon, car l'obligation de le payer est personnelle (Loi 3, C. Just., *De Fundis rei privatœ*); seulement, si l'aliénation a été autorisée par le juge, le vendeur est déchargé de cette obligation qui passe à l'acheteur.

Certains auteurs ont voulu que l'autorisation du juge ne fût nécessaire, pour décharger le prédécesseur, qu'au cas de donation (L. 1, C. Just., *De Fund patr.*); la loi 3 précitée par sa généralité répond à cette prétention. Ces auteurs invoquent aussi quelques textes qui parlent de ventes faites avec décharge complète du vendeur, sans qu'il soit question de la nécessité de l'autorisation du juge; ces textes prouveraient trop s'ils prouvaient quelque chose, car quelques-uns s'appliquent au cas de donation (loi 5, C. Just., *De loc. prœd. civil.*), ce qui constituerait antinomie avec la L. 1, C. Just., *De Fund. patr.* précitée. Il faut aussi écarter une autre conséquence que Cujas a voulu tirer de la loi ci-dessus. L'aliénation sans autorisation du juge ne serait permise qu'au cas de donation, et dans les autres cas, même autorisé par le juge, le vendeur resterait tenu personnellement du payement du canon. Dans cette opinion la loi 3, C. Just., *De Fund. rei priv.* précitée, s'appliquerait au cas de vente autorisée par le magistrat. Mais c'est inadmissible, puisque ce serait mettre sur la même ligne le vendeur autorisé et le donateur non autorisé, lorsqu'au contraire, dans toutes les législations, la loi rend les ventes plus faciles et moins onéreuses que les donations.

Quant aux formes de l'autorisation, et à ses conditions, les textes sont muets; et nous adoptons assez volontiers l'opinion de M. Le Halleur, d'après laquelle tout était laissé à l'arbitraire du juge représentant le propriétaire, l'Empereur. Cela explique du reste que Justinien ait fixé au cinquantième de la valeur du fonds le droit que le propriétaire pouvait exiger en retour de son autorisation ; auparavant le propriétaire faisait lui-même ses conditions, aussi bien lorsqu'il s'agissait de *jus perpetuum*, que lorsqu'il s'est agi de *jus emphyteuticarium*.

Nous avons dit plus haut que nous penchions avec MM. Troplong et Godefroy à accorder au concessionnaire le droit d'affranchir les esclaves du fonds. (L. 12. C. Just., *De Fund. patr.* précitée.) M. Vuy interprète cette loi dans le même sens, mais n'en veut pas tirer là même conséquence, croyant qu'elle est interpolée et indique seulement l'état du droit sous Justinien.

Le *perpetuarius* doit-il les impôts, et en particulier l'impôt foncier, le *tributum*? Le concessionnaire d'un *ager vectigalis* en était certainement tenu, et il semble, à première vue, que la décision devrait être ici la même, le *perpetuarius* ayant grande analogie avec lui. Mais le caractère de la terre, objet de la concession, était différent, de là la difficulté.

Les fonds sur lesquels s'établissait le *jus perpetuum*

dépendaient du domaine impérial ; or ce domaine était exempt de l'impôt foncier ; cela est du moins indiscutable pour les *fundi rei privatæ*. (L. I. C. Théod., *De annonis et tributis*). Lors donc que la concession portait sur un fonds de cette nature le *perpetuarius* était exempt d'impôt.

En était-il de même pour les *fundi patrimoniales?* La solution est difficile en l'absence de textes formels, la loi 4, C. Théod., *De annonis et tributis* ne spécifiant pas la nature d'impôt pesant sur ces *fundi*. Il y avait en effet d'autres impôts fonciers que le *tributum*; ils se composaient : 1° de l'*annona*, redevances en nature pour approvisionner Rome, Constantinople et les armées ; 2° des *extraordinaria sive sordida munera*, comprenant les prestations pour entretenir les routes et une foule d'autres charges.

Si la L. 4, *De ann. et trib.* C. Théod. ne nous a pas semblé péremptoire à l'égard de l'application du *tributum* aux *fundi patrimoniales*, il faut tout au moins reconnaître qu'elle les soumet à l'*annona*, et M. Le Halleur, malgré l'absence de textes, serait disposé, en raison de la nature spéciale de cet impôt, à y soumettre aussi les fonds *rei privatæ*.

Quant aux *munera extraordinaria*, la législation a beaucoup varié. Le droit commun paraît avoir été la soumission à ces impôts des *fundi* tant *rei privatæ* que *patrimoniales* ; c'est ce qui ressort des lois 1 et 2, C. Théod., *De extr. muner.* qui en exemptent les *fundi patrimoniales* d'Afrique et d'Italie ; de la L. 9 au même titre qui répète cette exemption pour ces derniers ; de la L. 5. même titre qui en exempte les *fundi rei privatæ*. On pourrait peut-être expliquer autrement ces lois qui se répètent, et admettre que sauf pour les réparations des routes, L. I, C. Just., *De collat. fund. patr.*, l'immunité étant le droit commun à l'égard des *sordida munera*, les empereurs ont dû souvent rappeler les agents du fisc, vu leur rapacité, à l'observation de la loi.

Julien modifia cet état de choses et soumit à ces *munera* tous les *fundi patrimoniales*, Loi 3. C. Just., *De col. fund. pat.*, Valentinien, puis Honorius et Arcadius rétablirent l'exemption, qui fut supprimée par une constitution d'Honorius et de Théodose, renouvelée par Théodose et Valentinien, pour tous les fonds du domaine impérial quelle qu'en fût la nature, selon M. Le Halleur, et seulement pour les *fundi patrimoniales*, selon M. Vuy, qui s'appuie sur les derniers mots de cette dernière constitution formant la L. 36, C. Théod. *De annonis : « Excepto patrimonio pietatis nostræ cujus quidem reditus necessitatibus publicis frequentissime deputamus. »*

MM. Cujas et Troplong interprètent tout différemment ces deux dernières constitutions, et croient que les immunités de *sordida munera* ont été maintenues à l'égard de tous les fonds du domaine jusqu'à et y compris Justinien, L. 1 et 2, C. Just., *De coll. fund. patr.* Quant aux constitutions précitées, elle s'appliqueraient à un genre d'impôt tout particulier et temporaire qui était venu frapper les *fundi patrimoniales ;* cette interprétation a cet avantage qu'elle fait éviter une antinomie entre les lois 1 *De indiction.* et 1 et 2 *De collat. fund. patr.* Mais elle ne fait pas éviter l'antinomie entre les L. 1 et 2, et la L. 3, au C. Just. *De collat. fund. patr.*, à moins de restreindre les deux premières, même dans le Code Justinien, aux fonds patrimoniaux d'Afrique. En ce cas il n'y aurait pas antinomie entre les L. 1 et 2, *De coll. fund. patr.* et la L. 1, *De indict.*, et l'opinion de M. Le Hallour, qui soumet tous les fonds domaniaux aux *munera extraordinaria*, serait admissible, en exceptant ceux d'Afrique. Aussi sommes-nous fort embarrassés entre les deux opinions.

Quant aux autres caractères du *jus perpetuum*, nous renverrons à ce que nous avons dit sur le *jus in agro vectigali* avec lequel il y a eu fusion complète, et nous arrivons à l'étude de l'emphytéose proprement dite, étude que nous avons rendue plus facile par l'examen de ses origines et des progrès que la législation a faits pour y arriver.

L'emphytéose, qui commença à devenir fréquente sous Dioclétien et Maximien, était d'abord plus souvent appliquée aux *fundi patrimoniales* qu'aux *fundi rei privatæ*. Elle finit par être employée, comme le *jus perpetuum*, indistinctement pour tous les fonds du domaine impérial, quelle que fût leur nature, et aussi pour les fonds des cités (le *jus in agro vectigali* avait disparu dans le *jus perpetuum*), plus tard, pour les fonds des *sacrorum templorum*, mais ce ne fut que peu de temps avant Zénon qu'elle le fut par des particuliers.

CARACTÈRES DE L'EMPHYTÉOSE A L'ÉPOQUE DE ZÉNON.

C'était le *jus perpetuum* sous un nouveau nom, et s'appliquant même aux fonds des particuliers, tandis que, en l'absence de tout texte, nous nous sommes refusés à admettre que le *jus perpetuum* ait jamais été employé pour ces biens.

Avec son introduction dans le domaine privé revinrent les difficultés sur l'étendue des droits du concédant et du concessionnaire, difficultés qui, tranchées à l'époque de Gaïus pour le *jus in agro vectigali*, n'avaient pas reparu lorsque celui-ci fut envahi, puis remplacé par le *jus perpetuum*. Les concessionnaires ayant affaire au fisc le ménageaient, et n'essayaient pas d'améliorer leur position à ses dépens. Aussi, tant qu'il resta fermé aux particuliers, put-on appliquer aux concessionnaires d'un *jus perpetuum seu emphyteuticum* la règle déjà indiquée dans l'étude de l'*ager vectigalis* : ils étaient simples locataires, et en avaient les droits comme les obligations, sauf les différences formellement écrites dans la loi.

Mais quand le droit de créer des emphytéoses fut ouvert aux particuliers, concédants et concessionnaires voulurent tirer le plus grand profit possible du fonds. De là des prétentions contraires qui renouvelèrent les luttes anciennes sur la nature du contrat, et rendirent nécessaire un texte législatif tranchant la question. Telle est la manière dont M. Troplong explique la nécessité de la constitution de Zénon. M. Le Halleur voit une autre explication. Il n'admet pas que la nature du contrat emphytéotique ne fût pas parfaitement définie à cette époque, comme l'était le *jus in agro vectigali* et le *jus perpetuum*, Loi 1 pr. et § I, *Dig. si ager vectigal.* — L. 71 §5 et 6, Dig. *De legatis.* — L. I, C. Just. *De off. com. sacr. palat.* — L. 5, C. Just. *De loca. præd. civ.*, qui toutes emploient les termes « *conductio, conduxerunt, conductores* » en parlant de ces concessions, ou du moins distinguent formellement (voir la dernière loi citée) entre ces concessions et la propriété. Les quelques textes qui semblent donner aux emphytéotes une autre qualification, celle de « *domini,* » ou se corrigent eux-mêmes en mettant un peu plus loin le mot « *conductores,* » L. 18, C. Théod. V. 13., *De off. com. sacr. palat.*, ou s'appliquent au *jus privatum*, ou bien enfin renferment une inexactitude.

Aussi selon M. Le Halleur, ce qui aurait nécessité la constitution de Zénon c'était la question de savoir si l'emphytéose suivrait les règles du *jus privatum* ou celles *jus perpetuum*, et non pas le renouvellement de l'ancienne controverse sur la nature du *jus in agro vectigali*.

Nous pourrions faire remarquer que tous les textes invoqués par M. Le Halleur s'occupent d'emphytéoses du domaine impérial au sujet desquelles aucune difficulté n'était née dans l'opinion de M. Troplong, et par suite que ces textes ne peuvent rien prouver à l'égard des emphytéoses créées par des particuliers. Nous avons dit plus haut pourquoi les concessionnaires de fonds du domaine gardaient le silence, tandis que ceux de fonds privés cherchaient à améliorer leur position.

Du reste nous ne voyons pas d'intérêt à la controverse soulevée par M. Le Halleur, puisque dans son système comme dans celui de M. Troplong ce qui a amené la constitution de Zénon, c'est la prétention des concessionnaires de devenir des *domini* du fonds.

Pour concilier les deux opinions, on pourrait dire, qu'en droit il n'y avait pas de doute sur le caractère de louage inhérent à l'emphytéose même des particuliers copiée sur celle du domaine, mais qu'en fait il s'élevait entre concédants et concessionnaires de graves dissentiments que Zénon a voulu faire cesser. Telle a été son intention, mais, du moins pour les interprètes modernes, il a peu réussi.

Sa constitution, qui forme la L. I, C. Just., *De jure emph.*, dit bien ce que n'est pas ce contrat, mais ne dit pas ce qu'il est, et les Inst. de Justinien, tout en indiquant que c'est la concession perpétuelle de la jouissance d'un fonds, n'expliquent pas non plus la nature de cette jouissance. De là des controverses qui existent encore aujourd'hui.

L'école des glossateurs et Dumoulin à sa suite tira de la comparaison des textes du Dig. *De agro vectig.* et du Code Just. *De jure emphyteutico, De fundis patrimon., De local., Præd. civ.*, etc., qui tantôt donnent le nom de *dominus* au concédant et tantôt au concessionnaire, le système suivant, emprunté aux idées de son temps : le concédant avait le *dominium directum*, le concessionnaire le *dominium utile*.

Cujas et Doneau, à l'opinion desquels se sont rattachés, pour des motifs divers, MM. Troplong, de Savigny, Thibaut et Pépin Le Halleur, rejettent cette distinction comme ne se trouvant pas en droit romain, car on y est propriétaire complet ou on ne l'est pas. Quant à la nature de l'emphytéose, c'était un *jus in re aliena*, un *jus servitutis*, et nullement un *dominium*, ce qui est prouvé par l'emploi des mots « *conductor, conduxerunt,* » etc., appliqués à l'emphytéose et mis en opposition avec le mot « *dominus* » appliqué au concédant.

Si dans quelques textes les concessionnaires sont qualifiés de *domini* cela est dû, selon les uns au peu de fixité de la doctrine en cette matière, selon les autres à une inexactitude, selon d'autres enfin à la distinction entre le *jus perpetuum* et le *jus privatum*, au dernier desquels seul ces textes se rapportent.

Du reste, les auteurs précités, tout en refusant à l'emphytéote le *dominium*, reconnaissent qu'il est quelque chose de plus qu'un simple *conductor* et qu'il a un certain nombre des prérogatives du droit de propriété. C'est aussi pour cela qu'ils lui accordent un *jus prædii*, un *jus servitutis*, un droit réel sur le fonds concédé, droit qui se traduit par des actions fictices accordées au concessionnaire pour se maintenir ou rentrer dans sa jouissance, par le droit d'aliéner, d'hypothéquer le fonds, par la mise à sa charge des pertes partielles. Mais il y a loin de là à la propriété, et le cap. I, Nov. VII, de Just. en disant que « *non procul ab alienatione constat* » démontre clairement que ce n'est qu'un *jus in re aliena*.

Quelques auteurs ont refusé d'y voir un *jus in re*, un droit réel; mais, outre que l'on ne comprendrait plus alors les différents droits accordés à l'emphytéote, comment concilier cette opinion avec les textes qui, même avant Zénon, lui accordaient un *jus prædii*, Dig., L. 3, § IV, *De rebus eorum qui sub tutela sunt*, et ceux qui accordent une action *in rem* au détenteur d'un *ager vectigalis*, auquel le *jus perpetuum* puis l'emphytéose ont été assimilés sous se rapport. (L. 1, 2, 3, Dig. *Si ager vectig. seu emphyt.*)

La nature de l'emphytéose bien connue, quels sont ses caractères d'après la constitution de Zénon?

Cette constitution a tranché plusieurs questions controversées : 1° elle a fait de l'emphytéose un contrat *sui generis*; 2° elle a mis à la charge du preneur la perte partielle; 3° elle à mis à la charge du concédant la perte totale. A l'égard des autres questions elle a laissé subsister les anciennes controverses que plus tard Justinien a fait cesser en partie.

Occupons-nous d'abord de celles de ces questions qui n'ont été résolues ni par Zénon, ni par Justinien, puis nous verrons celles qui, omises par le premier, ont fait l'objet de constitutions du second de ces empereurs.

Et d'abord quels sont les droits et obligations de l'emphytéote? Son droit de jouissance avait-il une grande étendue? De la nature intermédiaire de ce contrat, il faut conclure à un droit de jouissance plus étendu que celui du locataire, moins étendu que celui du propriétaire. Il fera les fruits siens par la séparation du sol, ce qui était déjà décidé pour l'*ager vectigalis*; il pourra modifier l'état du fonds, pourvu cependant qu'il ne le détériore pas; c'est ce que décide la Nov. 7, cap. 3, l. 2, pour les emphytéoses des biens ecclésiastiques. Il est vrai qu'elles étaient temporaires; mais en l'absence de tout texte spécial sur celles des particuliers, et sachant que c'était là la décision pour les emphytéoses impériales, il faut, croyons-nous, l'accepter également dans le cas qui nous occupe. Admettre l'opinion contraire serait faire disparaître toute différence entre l'emphytéote d'un fonds privé et le propriétaire.

L'emphytéote (rappelons que l'emphytéose dont nous

nous occupons est celle employée par les particuliers qui, même sous Justinien, diffère encore sous quelques rapports de celles du domaine et des temples), a, comme avant lui le *perpetuarius*, le droit d'affranchir les esclaves; c'est du moins l'opinion que nous avons adoptée avec M. Troplong, à raison des termes si généraux « *patrimoniales, emphyteuticarii* » employés par la L. 12, C. Just., *De fund. patrim.* Cujas restreint ce droit à l'emphytéote seul ; j'avoue ne pas comprendre cette restriction, puisque l'emphytéote du domaine impérial ne se distingue pas du *perpetuarius*, ce qui serait encore démontré dans ce texte par le mot « *possessores* » joint au mot « *patrimoniales*; » ces *possessores* ne sont autre chose que les *perpetuarii*; M. Vuy est de l'opinion de M. Troplong, mais seulement depuis Justinien, croyant ce texte interpolé par Tribonien.

Le trésor trouvé dans le fonds n'appartient pas à l'emphytéote, aucun texte ne le lui accorde, et comme ce n'est ni un fruit ni un produit, il reste au propriétaire.

L'emphytéote ne peut constituer de servitudes sur le fonds. Nous avons déjà dit au sujet de *l'ager vectigalis* que la loi seule pouvait créer des droits réels et accorder des actions réelles, elle a donné une action de ce genre au concessionnaire, mais ne lui a pas permis de diviser son droit en d'autres droits réels; il en résulte, suivant MM. Thibaut et Le Halleur, et contrairement à l'opinion de M. Troplong, qui d'ailleurs ne motive pas sa décision, que l'emphytéote ne peut créer de servitudes.

Cette prohibition cadre fort bien avec l'obligation de ne pas détériorer dont nous avons déjà parlé; car la plupart des servitudes, même disparaissant par la cessation de la concession, auraient cependant causé au fonds un tort irrémédiable.

Il a le droit de donner en gage le fonds emphytéotique, ou de le grever d'hypothèques. C'est ce que l'on peut décider vu les termes si larges de la L. 9, § 1, *Dig. De Pignor. et hypothecis,* et les lois 16, § 2, *De pigneratitia actione,* 31. *De pignoribus et hypothecis;* seulement l'hypothèque et le gage disparaîtront quand l'emphytéose prendra fin.

Les impôts sont dus par le concessionnaire, car il est *possessor* comme l'était le détenteur d'un *ager vectigalis,* et il doit garantir le propriétaire de toute poursuite de la part du fisc. Si le propriétaire paye il peut répéter ses débours contre l'emphytéote. Justinien a du reste formellement résolu la question. (L. 2. C. Just., *De jure emphyteutico.*)

Il est tenu d'acquitter le canon annuel aux époques fixées et, d'après la const. de Zénon, il le doit même après une perte partielle du fonds, ce qui le distingue du preneur; mais il ne le doit pas *quum læditur rei substantia,* ce qui le distingue d'un acheteur.

De la décision ci-dessus il faut aussi conclure que dans les années stériles il n'y aura pas lieu pour l'emphytéote à demander une réduction du canon, car ces pertes *non lædunt rei substantiam,* et le texte que l'on invoque en faveur de l'opinion contraire s'applique à *l'ager vectigalis* (L. 15, § 4. Dig. *Locati*). Il est vrai que quelques auteurs ont tiré de l'intitulé du titre III. Liv. 6, du Dig. la conséquence que Justinien a assimilé sous tous les rapports *l'ager emphyteuticarius* à *l'ager vectigalis;* mais c'est trop tirer croyons-nous d'un simple intitulé, surtout en présence des termes formels ci-dessus relatés de la const. de Zénon reproduite par Justinien. En fait d'ailleurs la controverse à peu d'importance ; car la loi sur laquelle on s'appuie décide que la remise ne sera accordée que si le concessionnaire n'a pas pu se rattraper sur les années antérieures ou sur les suivantes ; or, dans une concession perpétuelle, il y aura toujours une compensation semblable.

En terminant ce sujet, nous devons rappeler que le canon emphytéotique était loin de représenter la valeur des revenus du fonds ; l'emphytéose des particuliers avait été introduite, ainsi que celle du domaine impérial, comme expédient pour attirer les cultivateurs. C'est un motif de plus pour ne pas admettre l'assimilation avec l'*ager vectigalis*, que nous avons écartée ci-dessus, le *vectigal*, du moins à l'époque de Paul et d'Ulpien, représentant encore à peu près les revenus du fonds, comme dans un louage ordinaire.

L'emphytéote, n'ayant qu'un *jus in re aliena*, ne peut jouir qu'à charge d'entretenir la chose. Cela ne pouvait faire l'objet d'un doute, quand, confondu avec le *jus perpetuum*, il était soumis aux règles du louage pour tous les points sur lesquels il n'y avait pas de dérogation expresse ; et cela peut faire moins de doute encore à l'époque où nous sommes, si on se souvient du motif qui a introduit ce contrat dans le domaine des particuliers. Faut-il aller plus loin, et dire que l'emphytéote doit améliorer ? Nous le croyons, voici dans quelles limites : il devra mettre en culture les terres stériles qui lui ont été concédées ; nous avons vu en effet que dans l'emphytéose du domaine impérial cette obligation existait non-seulement pour les terres concédées, mais même pour les terres stériles voisines de la concession ; or, nous l'avons déjà dit, ce contrat a passé dans le domaine privé pour remédier aux maux qu'il avait eu pour but d'alléger dans le domaine impérial, son nom même l'indique. Seulement ici l'obligation, en l'absence de texte spécial, ne portera que sur les terrains concédés.

A l'égard des constructions et améliorations autres que celles qui rentrent dans l'amendement des terres, nous donnerions la solution inverse. L'intention des parties, quand elles ne se sont pas formellement expliquées, n'a pu être d'obliger le concessionnaire à les faire.

S'il les a faites, le propriétaire en profitera-t-il sans indemnité ? La question se présentera dans deux cas : celui de déchéance de l'emphytéote et celui d'arrivée du terme de la concession. Jusqu'à Justinien, il n'y avait de décision formelle pour aucun des deux cas, mais nous sommes tentés de croire que l'on pouvait assimiler l'emphytéote au possesseur de mauvaise foi, d'autant que l'emphytéose était le plus souvent perpétuelle. Le propriétaire devait, en reprenant le fonds, indemniser le concessionnaire pour les améliorations utiles par lui faites au delà de ses obligations, si toutefois il n'y avait pas eu de la part de ce dernier intention en en faisant de très-fortes de rendre impossible au propriétaire l'exercice de son droit.

Nous venons d'examiner les droits et les obligations de l'emphytéote ; comment peut-il les exercer ?

A l'égard du propriétaire, il a une action personnelle, résultat du contrat, *actio emphyteuticaria*, action de bonne foi, destinée à faire exécuter la convention ; le propriétaire a l'*actio contraria*.

De plus, l'emphytéote a une *actio inrem* contre le propriétaire comme l'avait l'ancien concessionnaire de l'*ager vectigalis*. Cela n'est pas contestable, nous l'avons démontré plus haut, et le titre 3, livre 6, Dig., assimile l'emphytéose à l'*ager vectigalis* précisément sous ce rapport.

Comme *possessor* il a les interdits possessoires *seu retinendæ seu recuperandæ possessionis causa*. Nous avons déjà vu que, à l'exemple du concessionnaire de l'*ager vectigalis*, et bien qu'il ne possédât pas pour lui-même, les jurisconsultes lui avaient donné les titre et prérogatives de *possessor*, et non pas seulement ceux de *quasi-possessor*. Cette dernière qualité était pourtant la seule que devait lui valoir son droit réel sur la chose d'autrui.

Aura-t-il l'action Publicienne ? Cela se rattache à cette question : L'emphytéose est-elle susceptible d'acquisition par prescription ? Nous en renvoyons donc l'examen au moment où nous traiterons de ce mode d'établissement de l'emphytéose.

Comment l'emphytéose était-elle constituée ?

Le mode le plus ordinaire était le contrat. Mais il faut bien remarquer que le contrat ne donnait par lui-même aucun droit réel à l'emphytéote, et cela aussi bien à l'époque où il est devenu contrat spécial, que lorsqu'on le confondait soit avec la vente, soit avec le louage. Sous son nom nouveau, il resta consensuel. Cependant certains auteurs, M. Thibaut en particulier, ont tiré des termes de la constitution de Zénon « *scriptura interve-*

ntente, » et de la Nov. 120, const. 5, princ. et const. 6, § 2, sur les biens ecclésiastiques, la conséquence que l'écriture était nécessaire à la validité de la convention. Nous ne saurions l'admettre; si, en effet, on laisse à leur place les mots « *scriptura interveniente,* » on s'aperçoit qu'ils s'appliquent au cas de conventions spéciales insérées dans le contrat. Tout ce que l'on pourrait déduire de ces termes, c'est que, si des dérogations au droit commun sont apportées, elles doivent l'être par écrit; mais l'emphytéose pure et simple peut être constituée *solo consensu.* Quant aux Novelles portant sur les biens ecclésiastiques, il n'est pas possible de les appliquer par analogie aux emphytéoses ordinaires; grandes sont en effet les différences entre elles, et le fait seul de la non-perpétuité des premières suffirait pour rendre nécessaire un écrit en fixant la durée.

Nous avons dit plus haut que le contrat n'établissait pas le droit réel. Jusqu'à Justinien, cela ne pouvait faire l'objet d'un doute, il fallait la tradition qui était possible en ce cas, bien qu'il ne s'agit que d'un *jus in re aliena,* puisque les textes accordaient à l'emphytéote les nom et prérogatives du *possessor;* mais à partir de Justinien, la question présente plus de difficultés; nous l'examinerons en nous occupant des changements qu'il a introduits.

Les textes ne mentionnent pas le testament comme moyen de créer l'emphytéose; cela prouve qu'il était peu employé, mais non pas, selon nous, qu'il ne pût l'être. Le testament, et cela depuis les temps les plus reculés, a été un mode de constitution des droits réels. Seulement, le legs d'une emphytéose sera toujours soumis à une condition, celle de l'acceptation par le légataire de l'obligation de payer le canon ; par suite, s'il meurt avant d'avoir accompli la condition, le legs ne passera pas à ses héritiers.

Le droit dont nous nous occupons peut-il être acquis par prescription ? La question est délicate, et de bonnes autorités se trouvent dans les deux camps.

Avant tout il faut remarquer qu'il ne s'agit ici que du moyen d'acquérir le droit réel, et non du moyen de se défendre contre le propriétaire. En effet il est incontestable, du moins depuis Honorius et Théodose, que les actions, tant réelles que personnelles, ne peuvent être exercées avec fruit après trente ou quarante ans, et par suite que, si quelqu'un a pendant ce temps possédé un fonds à titre d'emphytéose, le propriétaire ne pourra venir le troubler dans sa jouissance. Mais il y a loin de ce droit négatif de repousser par une exception le propriétaire au droit positif d'acquisition qui permet la revendication.

La question se peut présenter dans plusieurs cas :

1° Le propriétaire véritable a joui pendant trente ou quarante ans de son fonds comme emphytéote, celui à qui il a payé le canon peut-il désormais le considérer comme tel, et exiger de lui la continuation de ce payement ?

2° Une personne possédant à titre d'emphytéose a payé le canon au véritable propriétaire, celui-ci a-t-il perdu le droit de jouir personnellement de son fonds et acquis celui de contraindre le possesseur au payement du canon ?

3° L'emphytéose a été constituée par un propriétaire apparent, et la jouissance du concessionnaire a duré le temps voulu pour la prescription ; aura-t-il acquis le droit de jouissance?

4° Le véritable propriétaire a constitué une emphytéose, et cette emphytéose a été acquise d'un concessionnaire apparent; l'acquéreur acquerra-il par prescription le droit à la jouissance ?

Nous répondrons négativement dans tous ces cas.

Pour faire comprendre la solution que nous venons de donner entrons dans quelques explications.

Il y a deux choses dans l'emphytéose, la jouissance d'un fonds, et l'obligation de payer le canon, retranchez l'une d'elles vous n'avez plus une emphytéose. Cela posé chacun sait que la prescription n'est pas un moyen de créer des obligations, par suite que le temps seul, quelque long qu'il soit, ne saurait obliger le possesseur à titre emphytéotique à payer le canon; cette seule objection suffirait pour rendre impossible un semblable mode d'acquisition dans les deux premiers cas cités, dans les deux derniers elle ne suffirait pas, car il y a eu un contrat qui a pu faire naître l'obligation de payer le canon; la prescription de l'emphytéose serait donc possible dans ces deux cas, s'il n'y avait d'autres raisons, et celles-ci s'appliquant au droit réel, qui excluent toute prescription acquisitive en matière d'emphytéose.

Pour les rechercher, il faut aller un peu haut.

Nous savons que l'usucapion dans le principe avait pour seul but de faire acquérir le domaine quiritaire à celui qui, par son mode d'acquisition n'avait la chose qu'*in bonis*. Fut-elle jamais appliquée aux droits réels

autres que la propriété, c'est-à-dire aux servitudes tant
personnelles que prédiales, c'est ce qui est contesté,
mais la négative n'est pas douteuse depuis la loi Scribonia. Aussi l'usucapion ne peut-elle créer l'emphytéose
que nous avons mise au nombre des servitudes personnelles.

En est-il de même de la *possessio longi temporis?*

Nous voyons que le préteur en fait un moyen d'acquérir les servitudes urbaines vu leur caractère de continuité,
et aussi certaines servitudes rurales plus importantes;
encore les textes n'assimilent-ils pas cette possession à la
possession de long temps exigée pour acquérir ce qui
équivalait à la propriété sur les terres provinciales; la
juste cause, la bonne foi n'étaient pas requises, et le
temps n'était pas fixé, tout était laissé à l'arbitraire du
magistrat.

Certains auteurs croient que cet état de choses fut modifié, et la prescription des servitudes indiquées plus
haut assimilée sous tous les rapports à celle de la propriété des choses immobilières, soit par une constitution
d'Antonin formant la **L. 2,** C. Just., *De servitutibus et
aqua,* où se trouvent les mots « *exemplo rerum immobi-
lium,* » soit par une constitution de Justinien formant
la **L. 12,** C. Just., *De præscrip. longi temporis, dec.
vel. vig. ann.;* nous verrons tout à l'heure que cette constitution doit être écartée.

Si de ce que nous venons de dire on peut conclure
que la possession de long temps était un moyen d'acquérir les servitudes, il faut évidemment restreindre cette
règle aux servitudes prædiales, aucun texte ne permet
de l'étendre aux servitudes personnelles; je me trompe,

il se trouve la Loi 12 que nous venons de citer et qui paraît appliquer aux servitudes en général et à l'usufruit, les règles de la prescription de dix et vingt ans; aussi pendant longtemps a-t-on cru que Justinien avait rétabli pour toutes les servitudes l'acquisition par la possession supprimée pour la plupart par la loi Scribonia et profondément modifiée pour les autres.

M. Zimmern a attaqué ce système qui est maintenant presque abandonné. D'après lui, la loi 12 ci-dessus s'applique non à l'acquisition des servitudes et de l'usufruit, mais à leur extinction par le long temps. Cela lui paraît résulter de deux constitutions de Justinien, L. 16 § I, C. Just., *De usufructu*, et L. 13. C, *De servitut. et aqua* qui indiquent un changement apporté par Justinien à l'extinction des servitudes tant prædiales que personnelles par le non usage. Au lieu du délai de deux ans en matière de servitudes ayant pour objet des immeubles, il exige le même délai que pour la prescription de la propriété, c'est-à-dire dix ans entre présents, vingt ans entre absents, et c'est à cette prescription extinctive que se rapporteraient les dernier mots de la Loi 12.

Ce qui confirmerait cette interprétation, c'est que ce passage, expliqué différemment, serait le seul où Justinien parlerait d'une innovation aussi importante que le rétablissement de l'acquisition des servitudes par prescription. Pour qui connaît les habitudes de cet empereur, phraseur au plus haut point, un semblable résultat est inadmissible.

Il faut donc conclure que l'usufruit ne pouvait dans

le dernier état du droit, non plus qu'antérieurement, être acquis par prescription.

Il est constant cependant qu'un texte d'un jurisconsulte classique, d'Ulpien, formant la L. 11, § 1, Dig., *De Public. in rem actione*, accorde à l'usufruitier la *Publiciana in rem actio ;* or, dit-on, cet action n'était accordée qu'à celui qui était en voie de prescrire. Ce texte prouverait trop s'il prouvait quelque chose, car il formerait antinomie avec tous les textes de l'époque d'Ulpien, qui jamais ne parlent de l'usucapion ou possession de long temps comme s'appliquant soit à l'usufruit soit à la plupart des servitudes rurales, et n'appliquent cette dernière qu'en la modifiant profondément aux autres servitudes rurales et aux servitudes urbaines. Aussi faut-il dire que le préteur, entraîné par l'équité, a fait ici sortir la *Publiciana in rem actio* de ses bornes primitives pour protéger la situation de l'usufruitier qui, si la prescription était possible pour lui, serait en voie d'y parvenir.

A l'appui de cette interprétation, et comme preuve que la *Publiciana* n'était pas donnée aux seules personnes qui pouvaient prescrire, nous citerons la L. 12, § 2, Dig., *De Public. in rem actione.*

Puisque l'usufruit n'est point susceptible de prescription, il est clair que l'on ne saurait y chercher un motif de permettre la prescription de l'emphytéose comme droit réel. Aussi déciderons-nous que l'emphytéose ne peut être créée par prescription, ni quant à l'obligation de payer le canon, ni quant au droit réel de jouissance sur le fonds.

Cela posé, la possession qui conduirait à la prescription, si celle-ci était possible pour l'emphytéote, n'a-t-

elle pas cependant certains avantages? Oui sans doute.
Le texte d'Ulpien cité ci-dessus accorde à l'usufruitier
dans ce cas la Publicienne, et M. Le Halleur en décide
de même pour l'emphytéote depuis la constitution de
Zénon qui, dit-il, le rapproche sous beaucoup de point
de l'usufruitier en l'éloignant du locataire. Quant à nous,
ayant admis comme nous l'avons démontré plus haut,
que la *Publiciana* appartenait au possesseur d'un *ager
vectigalis*, nous devons par analogie l'accorder à l'emphytéote. Et si la Publicienne appartenait à celui-ci
avant l'écoulement des dix ou vingt ans, à plus forte raison faut-il la lui accorder après leur écoulement. Ainsi,
et comme règle générale, celui qui possède un fonds à
titre d'emphytéote *ex justo titulo et bona fide* peut employer la Publicienne; mais celle-ci ne vaudra jamais
contre celui qui a droit au domaine entier, celui-ci lui
opposerait *l'exceptio justi dominii*. C'est là ce qui distingue cette action de la revendication. Elle n'aura point
d'effet non plus contre le véritable emphytéote, celui-ci
pourrait opposer au possesseur à titre emphytéotique
une exception analogue à celle *justi dominii*.

Le résumé de toute cette discussion est que le possesseur à titre d'emphytéose ne peut acquérir ce droit par
prescription, mais qu'il peut le revendiquer par l'action
Publicienne pendant trente ans contre tout autre que le
propriétaire entier du fonds, ou le véritable emphytéote,
et qu'après trente années il peut repousser tant qu'il possède même l'action de ce propriétaire ou de cet emphytéote.

Nous avons indiqué le contrat comme le premier mode
de création de l'emphytéose, est-il aussi un moyen de

transmission, en d'autres termes; l'emphytéote peut-il aliéner son droit? Zénon est muet sur ce sujet; mais par analogie avec ce que nous avons dit du *perpetuarius* il faut décider qu'il le peut. Seulement il reste personnellement tenu du canon à moins que le propriétaire n'ait consenti à l'aliénation. Aussi les emphytéotes cherchaient-ils à obtenir ce consentement qui novait leur obligation en la transportant sur leur acheteur. Les propriétaires en profitèrent pour se le faire payer, et ce sont leurs prétentions qui amenèrent plus tard la fameuse constitution de Justinien.

Nous devons admettre que la transmission de l'emphytéose était aussi possible par donation suivie de tradition, la donation ne créant qu'une obligation et non un droit réel, et par testament. Mais, dans ces cas encore, l'emphytéote comme ses héritiers restaient tenus du canon à moins que le *dominus fundi* n'eût souscrit à l'aliénation. C'est ce que nous avons décidé pour le *perpetuum jus* d'où découle le *jus emphyteuticum*.

Étant perpétuel, du moins en général, il est évident qu'il doit se transmettre par succession, c'est même là une des différences fondamentales qui le distinguent de l'usufruit; la L. 10. Dig. *Familiæ erciscundæ* ne laisse aucun doute à ce sujet, en l'absence de textes spéciaux sur l'emphytéose. Seulement, en comparant cette loi avec la L. 7, Dig. *Communi dividundo*, on reconnaîtra que si les héritiers ne veulent pas rester indivis et intentent l'action *familiæ erciscundæ*, le juge ne devra pas partager le fonds emphytéotique en nature; il devra, ou l'attribuer à l'un des héritiers ou le laisser indivis entre plusieurs. Cela se comprend fort bien, car ce démembrement constituerait pour le propriétaire une véritable détérioration.

Si l'emphytéose reste indivise, chacun des héritiers n'est personnellement tenu que pour sa part et portion des obligations du défunt; mais si l'un d'eux manque de les exécuter, il y a déchéance pour le tout. Admettre la solution contraire, serait admettre la division en plusieurs emphytéoses, ce qui, nous venons de le dire, est inadmissible.

Après avoir examiné tour à tour la nature de l'emphytéose, les droits et obligations du concessionnaire, ses modes de création et de transmission, il nous reste à étudier comment elle finit.

Ses causes d'extinction sont assez nombreuses :

1° Le terme de la concession dans les cas où exceptionnellement les emphytéoses privées sont faites à temps. Nous avons en effet décidé avec la majorité des auteurs, et contrairement à l'opinion de Dumoulin, que, dès le principe, les emphytéoses étaient en général perpétuelles : cela résulte de textes nombreux avant la Const. de Zénon, et particulièrement, L. 1, § 1. Dig. *Si ager vectig.*, Gaius, Inst. § 145, com. III, et postérieurement, du § 3 aux Instituts de Justinien, *De locatione et conductione.*

2° Par la perte de la chose; cela ressort de la const. de Zénon.

3° Par la confusion, par succession, donation ou contrat du droit de l'emphytéote et de celui du propriétaire.

4° Par la mort de l'emphytéote sans qu'il laisse de

successeurs légitimes ou testamentaires. (Inst. de Justinien, *De loc. et cond.*, § 3.)

5° Par la prescription de trente ans au profit du propriétaire, (L. 3, C. Just., *De præscript. trig. vel quadr.
ann.*), toutes les actions cessant d'exister par l'expiration
de ce délai.

6° Par la prescription de la propriété entière au profit
d'un tiers.

La prescription de la propriété au profit de l'emphytéote peut-elle être un moyen d'extinction? Remarquons
que c'est ici un point tout différent de celui que nous avons
résolu négativement plus haut; là il s'agissait de savoir
si le droit emphytéotique était susceptible de prescription; ici, au contraire, la question est celle-ci : l'emphytéote peut-il prescrire la propriété du fonds par lui
détenu? La réponse doit être également négative. Quoique les textes le qualifient de *possessor*, il est incontestable qu'il possède pour autrui, et par suite sa possession profite, non à lui-même, mais au concédant.

Cette décision n'est pas aussi extraordinaire qu'elle le
paraît; nous savons en effet que le créancier gagiste a
la possession, et que cependant il ne peut acquérir le
gage par prescription.

Si l'emphytéote ne peut, en prescrivant la propriété,
éteindre l'emphytéose, ne peut-il au moins l'éteindre
par la prescription libératoire de trente ans, si, pendant
ce délai, le *dominus fundi* ne lui a pas réclamé le canon?
La L. 7, § 6, C. Just. *De præscrip. trig. vel quad. ann.*
répond négativement; il n'y aura de prescrit que les
canons qui datent de plus de trente années; en effet

l'obligation de payer le canon est successive, se renouvelle à chaque échéance, et par suite la prescription des termes échus seule, est possible.

7° L'emphytéose peut s'éteindre par le consentement des deux parties; c'est là une règle de droit commun.

Mais le peut-elle par la renonciation de l'emphytéote? Plusieurs auteurs, entre autres M. Mühlenbruch, l'admettent. Ils invoquent la L. 20. C. Just. *De pactis*, où il est dit qu'il est permis à chacun de renoncer aux droits établis en sa faveur, et la L. 3, C. Just. *De fundis patrim.*, qui défend à l'emphytéote de renoncer à l'emphytéose sous prétexte de stérilité du fonds ; or « *qui de uno dicit de altero negat* », donc, en règle générale, sauf le cas de stérilité du fonds, ce qui s'explique par le but en vue duquel l'emphytéose a été créée, le concessionnaire pourra la faire cesser en renonçant à son droit.

Le premier texte allégué nous touche peu. Si chacun peut renoncer à un droit établi en sa faveur, il ne saurait renoncer à un droit établi en faveur d'autrui ; or l'emphytéose se compose d'un droit de servitude au profit du concessionnaire, et de l'obligation de payer le canon au profit du concédant. Quant au deuxième texte, en tirer la conséquence qu'en tire M. Mühlenbruch et autres, c'est singulièrement forcer le principe qu'ils invoquent. Aussi, avec MM. Thibaut et Le Halleur, considérant que la règle générale en matière de contrat est que l'une des parties ne peut pas de sen chef dissoudre la convention, et d'autre part, au point de vue même du droit réel qui appartient à l'emphytéote, nous rappelant que la constitution de Zénon met les pertes partielles à sa charge, décision qu'il serait vraiment trop facile d'éluder par l'abandon s'il était admis, nous dirons que l'emphytéose ne peut être éteinte par ce moyen, et que la L. 3, C. Just. *De fundis patr.* n'est que l'application au cas de stérilité du principe formellement posé plus tard par Zénon.

8° Nous arrivons à la cause la plus importante d'extinction de l'emphytéose, à la déchéance. Elle se subdivise elle-même, car il y en a différents cas :

1° Nous avons dit en parlant des obligations de l'emphytéote qu'il n'avait pas le droit de détériorer le fonds, et que la peine de la violation de cette obligation était la déchéance. Le doute était impossible quand l'emphytéose était soumise aux règles du louage ; il l'est plus encore depuis Zénon, surtout à cause de la Nov. 120, cap. 8, qui doit être considérée, non comme une exception, mais comme l'application du principe ; car depuis Zénon les empereurs, n'ayant jamais traité au long le système des déchéances, ont dû, pour tous les points sur lesquels ils ne donnaient pas de solution, s'en référer aux règles anciennes.

Quelle solution donner si l'emphytéote a amélioré d'une part et détérioré de l'autre, la déchéance aura-t-elle lieu ? M. Thibaut décide qu'elle n'aura lieu que si les détériorations dépassent les améliorations ; alors seulement il y a détérioration véritable. Nous avouons ne pouvoir admettre ce système qui donne au mot *détérioration* et au mot *dépréciation* le même sens. La L. 11, Dig. *in fine*, *De negot. gest.*, invoquée par Leyser pour établir une compensation analogue ne nous touche pas davantage, car l'emphytéote a, en faisant les changements, géré sa propre affaire et non celle du *dominus*.

Aussi croyons-nous que, bien que cette solution puisse paraître dure, il faut considérer comme règle, et non pas comme exception apportée à la règle, la Nov. 120, cap. 8, qui permet aux *venerabiles domus* de congédier l'emphytéote qui ne remettra pas les lieux dans leur premier état, sans qu'il puisse invoquer l'existence d'améliorations par lui faites. Le motif de notre décision est le même que plus haut ; quand l'emphytéose était soumise aux règles du louage, cette solution était incontestable, et en l'absence de modification formelle les règles anciennes doivent être appliquées, quand elles ne sont pas en contradiction avec la nature nouvelle de notre droit.

2° La deuxième cause de déchéance était le défaut de payement soit du canon, soit des impôts. Nous avons vu qu'il était tenu de ce payement à l'égard du propriétaire comme à l'égard du fisc. Le délai nécessaire pour encourir cette déchéance jusqu'à Zénon était de deux années, ainsi qu'en matière de louage. Depuis cette époque jusqu'à Justinien, la question fut sans doute controversée, vu la nature nouvelle de ce contrat ; et ce fut pour faire cesser cette controverse, que fut donnée par cet empereur la Constitution formant la L. 2, C. *De Jure Emphyt.*

Telle était l'emphytéose avant Justinien ; abordons les modifications qu'il y a introduites.

CHANGEMENTS INTRODUITS PAR JUSTINIEN.

Et d'abord, au sujet des droits et obligations de l'emphytéote nous avons dit que les améliorations qui ne rentraient pas dans l'amendement des terres ne devaient revenir au propriétaire que sauf indemnité, à moins de dol chez l'emphytéote. Nous ajouterons que le propriétaire pourrait, croyons-nous, dire à l'emphytéote, comme il le pourrait à un simple preneur : reprenez vos matériaux, je ne veux pas de vos constructions, vous ne pouvez me contraindre à une dépense que je ne veux pas faire. Depuis Justinien la solution a changé dans l'un des deux cas où la question se peut présenter, dans celui de déchéance ; en effet la Const. 2, C. Just., *De Jure Emph.*, dit formellement que l'emphytéote déchu ne pourra rien réclamer au propriétaire pour ses *emponemata*. Cette décision se comprend, car ici le premier doit se reprocher à lui-même la perte qu'il a faite, et la peine qui le frappe, pour être dure, n'en est pas moins méritée. Nous devons croire, vu le silence de la Constitution, que lorsque l'extinction a une autre cause, c'est la règle ancienne qu'il faut appliquer, c'est l'avis de M. Thibaut.

Le deuxième changement introduit par Justinien est plus douteux et n'atteint qu'indirectement l'emphytéose, il s'applique à son établissement comme droit réel.

Nous avons décidé que, jusqu'à cet empereur, le droit réel ne pouvait s'établir que par la tradition, et que la tradition véritable était possible en ce cas, bien qu'il ne s'agit que d'un démembrement de la propriété ; les jurisconsultes, en effet, avaient accordé dès longtemps à l'emphytéote les qualités et avantages de la véritable possession.

Depuis Justinien beaucoup d'auteurs veulent que les

servitudes s'établissent sans le secours de la quasi-tradition, seule possible en principe pour les choses incorporelles, et par la seule force de la convention.

Cela ne pouvait faire de doute quand la convention de servitude était faite au moment de la livraison d'un fonds. *Primus* a vendu un fonds à *Secundus*, et au moment de la livraison il retient au profit d'un autre fonds à lui appartenant, ou promet sur cet autre fonds un droit de servitude; dans ces deux cas, à l'époque de Justinien, la servitude est constituée comme droit réel par le pacte; la solution était la même si la servitude concédée ou retenue de cette manière était personnelle.

Auparavant il en avait été ainsi pour les pactes de servitudes insérées dans une *mancipatio* ou une *cessio in jure*, à l'époque où elles existaient encore. (*Vatic. Frag.* § 47, Gaius, *Com.* 2, § 33.) Quand la tradition les eut remplacés comme moyen de transmettre la propriété quiritaire dans tous les cas, les pactes de servitudes que l'on y insérait eurent l'effet de ceux qui accompagnaient la *mancipatio* et l'*in jure cessio*.

Mais que dire des pactes et stipulations employés seuls, créeront-ils le droit réel? Beaucoup d'auteurs l'ont admis depuis Justinien, car avant lui les deux textes que nous avons cités rendent la controverse impossible, puisqu'ils donnent les deux cas que nous avons indiqués ci-dessus comme les seuls où la convention créé un droit réel. Toute l'économie du droit romain s'oppose d'ailleurs à une décision contraire, les conventions, quand elles sont obligatoires, ne donnant naissance qu'à des obligations.

L'argument principal de ces auteurs se tire des

mots : « *Si quis aliquod jus constituere velit id paclioni-
bus et stipulationibus efficere debet,* » qui se trouvent
au commencement du § 4, *De servitutibus præd., Inst.* de
Justinien, qui, d'après eux, signifient que le « *jus,* »
c'est-à-dire le droit réel, est constitué par les pactes et
stipulations seuls, comme l'est l'hypothèque. Subsidiai-
rement ils invoquent la loi 25, § 7, *Dig. De usuf. et
quemad,* la L. 3, Code Just. *De usuf. et habitatione,* qui
emploient des expressions analogues : « *stipulatione
constitutus,* » « *voluntario contractu constitutus,* » la
loi 14, Code Just. : *De servitut. et aqua,* qui parle d'une
servitude constituée par simple pacte, enfin cette considération que, si l'opinion contraire était admise, les servitudes négatives n'étant pas susceptibles de quasi-tradition et l'*in jure cessio* n'existant plus, elles ne pour-
raient pas à l'époque de Justinien être constituées entre
vifs comme droits réels.

Nous nous en tiendrons avec Doneau à l'opinion contraire, adoptée par MM. Ortolan, Pellat et Le Halleur.
Il est difficile sans doute de se diriger avec des textes
qui, la plupart, ont probablement été mutilés et mis
d'accord avec le droit nouveau en matière de tradition ;
mais les arguments invoqués par les auteurs à qui nous
répondons, entre autres M. de Savigny, ne nous parais-
sent pas assez probants pour permettre le renversement
complet du système antérieur ; car, ainsi que nous l'a-
vons déjà dit, il est impossible, en présence des textes
déjà cités, § 47 *Vat., frag.* et Gaius, Com., 2, § 33, de
donner aux pactes, avant Justinien, la force de trans-
férer un droit réel, sauf les deux cas exceptionnels indiqués dans ces passages.

A l'égard du § 3 aux *Inst.* de Justinien, ainsi que des deux textes, employant des expressions analogues, nous ferons remarquer qu'ils peuvent aussi bien s'appliquer à la création de l'obligation qu'à celle du droit réel. Et, si l'on nous objecte le mot *« jus, »* qui se trouve dans le premier, nous renverrons au § 31, Com. 2 des *Inst.* de Gaïus, où les termes du paragraphe dont nous nous occupons ont été pris, et où le mot *« jus, »* cela n'est contesté par personne, ne pouvait pas signifier droit réel, puisqu'il s'agissait du sol provincial, sur lequel un droit réel était impossible à cette époque.

Quant à la loi 14, C., *De servitutibus et aqua*, qui semble plus probante, il est à croire que l'auteur d'où elle a été tirée et qui vivait à une époque où les pactes ne pouvaient produire de droits réels que joints à une mancipation ou à une *cessio in jure*, s'occupait seulement de ces deux cas.

Nous reconnaissons que, pour les servitudes négatives, l'*in jure cessio* n'existant plus, il sera impossible de les constituer entre vifs comme droits réels, sauf au cas de pactes insérés dans une tradition ; mais cette considération seule, en l'absence de textes positifs, ne saurait nous faire admettre l'introduction d'un nouveau mode de création des servitudes comme droits réels, d'autant que l'on rencontre un assez grand nombre de textes qui montrent que des servitudes créées par contrats n'existent pas encore comme droits réels : L. 3, *Princ. Dig. De oblig. et action.*, pose la règle générale que les obligations ne créent pas de droits réels. L. 3, § 2, *Dig. De act. empti et vend.*, L. 20, *Dig. De servitut.*, L. 35 *De servit. præd. urban.*, L. 27 § 4, *De usuf. et quem-*

adm., où le mot « *debeatur* » est employé, ce qui prouve qu'après la stipulation la servitude n'est que due et non transmise, L. 136. Dig. *De verb. oblig.*, et L. 38, *cod. tit.* § 10 et 11, où l'action *ex stipulatu* est seule donnée au cas de servitude constituée par stipulation. Ce que nous venons de dire des servitudes en général doit être appliqué à l'emphytéose que nous avons rangée, on s'en souvient, au nombre des servitudes personnelles ; elle ne pourra donc être créée par la seule convention que dans le cas de pactes joints à la tradition du fonds.

En terminant, nous ferons remarquer la bizarrerie de la solution contraire, qui ferait qu'un acheteur à qui le fonds a été livré pourrait être dépossédé par un emphytéote à qui il ne l'aurait pas été, et qui aurait acquis le droit réel par la seule convention.

Un changement sur lequel aucun doute ne peut s'élever, est celui que Justinien a apporté aux conditions requises pour l'aliénation de l'emphytéose.

Nous avons déjà dit quel était le droit antérieur et pourquoi Justinien l'a modifié par la L. 3, C. Just., *De jure emph.*

Cette constitution, quoique fort longue, laisse un grand nombre de points obscurs ; quant à la peine qui frappe ceux qui ne l'exécutent pas, nous y reviendrons un peu plus loin ; pour le moment attachons-nous à ses dispositions purement impératives.

Nous pouvons affirmer dès l'abord que l'emphytéote qui a aliéné suivant les formes indiquées par cette constitution ne sera plus personnellement tenu du payement du canon ; elle ne le dit pas textuellement il est vrai, mais, s'il en était autrement, on ne comprendrait plus la nécessité de fixer un maximum du prix mis par les propriétaires à leur consentement. Ce consentement n'aurait pas eu grande valeur, et ne se serait pas payé bien cher, s'il n'avait pas opéré une novation qui dégageait l'emphytéote originaire; et si telle n'avait pas été la conséquence du consentement on ne comprendrait plus que Justinien exigeât la présence du propriétaire lui-même pour le donner. Nous devons donc conclure de la cherté du consentement du propriétaire à laquelle Justinien a mis des bornes par sa constitution, et de la nécessité que ce propriétaire lui-même consentît à l'aliénation, soit expressement, soit tacitement par l'écoulement du délai, que, ces formalités remplies, l'emphytéote précédent était complétement libéré, comme nous l'avons admis avant Justinien quand le propriétaire avait consenti à l'aliénation.

Cet effet de l'aliénation bien reconnu, quelles sont les conditions requises pour la validité de cette dernière?

Au cas de vente point de difficultés. L'emphytéote doit dénoncer le prix au propriétaire puis attendre deux mois au bout desquels le propriétaire, s'il ne prend point l'affaire pour lui, ou ne prouve pas que l'acquéreur ne remplit pas les conditions voulues, devra donner son consentement moyennant le cinquantième du prix, et, s'il s'y refuse, l'emphytéote pourra passer outre à l'aliénation.

Mais s'il s'agit d'une donation, d'un échange, aussitôt s'élèvent les controverses.

Et d'abord sur la nécessité du consentement du propriétaire nous trouvons trois opinions en présence.

M. Mühlenbruch pose en principe que, hors le cas de vente, l'emphytéote n'a pas besoin de le demander au propriétaire, et par suite de lui dénoncer l'aliénation, parce qu'il n'a pas dans ce cas le droit de préemption.

MM. Doneau et Thibaut admettent que dans tous les cas le consentement est nécessaire, seulement la dénonciation ne devra être faite qu'au moment de l'aliénation, et non deux mois d'avance.

MM. Pépin Le Halleur et Troplong, à l'opinion desquels nous nous rallierons, veulent au contraire que la dénonciation faite deux mois avant l'aliénation soit nécessaire, aussi bien dans les autres cas que dans le cas de vente.

A l'appui de cette opinion on peut invoquer différentes raisons :

Si le *dominus* n'a pas le droit de retrait dans les cas autres que la vente, ce que nous admettons pour l'instant, il n'en faudrait pas conclure qu'il n'a pas d'intérêt à ce que la dénonciation lui soit faite, et cela deux mois à l'avance. Il a en effet d'autres droits à sauvegarder, il a à savoir, si le nouvel emphytéote remplit les conditions voulues, si l'estimation est exacte et point inférieure à la valeur de l'emphytéose.

A ce motif tiré de l'intérêt du *dominus*, et qui répond à l'objection de M. Mühlenbruch, nous ajouterons des raisons de texte qui rendent également inadmissible l'opinion de MM. Doneau et Thibaut.

La question que l'Empereur se propose de résoudre, il le dit lui-même et dans les termes les plus généraux, est celle-ci (nous traduisons les premières lignes de la Constitution) : « On se demandait si la volonté du *dominus* était nécessaire pour permettre à l'emphytéote d'aliéner ou de transmettre à autrui son droit, ou bien s'il avait besoin d'attendre son consentement; c'est pourquoi, etc. »

Nous avons cru devoir citer ce passage, parce que plus d'une fois il nous faudra rappeler la généralité de ses termes pour résoudre des difficultés analogues à celles que nous examinons.

Puis donc que la question est générale, la réponse doit l'être également, à moins de restrictions formelles. Or, loin de contenir des restrictions, elle est aussi générale que la question : « *Minime licere emphyteutæ sine consensu domini jus emphyteuticum transferre...* » — « *Si jus emphyteuticum transponere.* » La nécessité du consentement du *dominus* dans tous les cas d'aliénation est donc irrécusable.

La dénonciation de l'aliénation deux mois avant sa réalisation ne l'est pas moins. Aux motifs d'intérêt que nous avons énoncés plus haut, et de texte que nous venons de donner, qui s'appliquent aussi bien à la nécessité du délai qu'à celle du consentement, nous ajouterons un argument tiré de la suite des idées dans la Constitution. Elle requiert le consentement du *dominus* dans tous les cas, nous l'avons dit, et, pour que ce consentement ne puisse lui être surpris, elle lui donne deux mois pour examiner si les conditions voulues sont remplies ; il s'ensuit que ce délai doit lui être accordé dans tous les cas, et que l'emphytéote doit lui dénoncer l'aliénation, quel qu'en soit le mode, deux mois à l'avance.

Le *dominus* peut refuser son consentement à l'aliénation dans le cas, dit le texte, où l'acheteur serait « *persona prohibita* » ou « *non idonea ad solvendum canonem.* » Est-ce là une seule et même catégorie de personnes sous deux noms différents ?

Il est incontestable, si l'on considère les emphytéoses

du domaine impérial et celles des églises ou des cités (C. uniq., C. Just., *Quib. ad cond. præd. fisc.*; — Nov. 120, cap. v, § 1), que chacune de ces expressions s'adressait à une catégorie différente de personnes; il fallait que l'acheteur fût solvable, et de plus qu'il ne fût pas au nombre des personnes à qui la loi ne permettait pas de prendre une emphytéose.

Mais ces prohibitions spéciales, qui se comprenaient fort bien quand il s'agissait des biens du fisc et des corporations, n'auraient aucun sens, il faut le reconnaître, appliquées aux biens des particuliers. Qu'importe, en effet, à une église que son économe acquière une emphytéose de ce genre? Aussi a-t-on cherché dans les termes mêmes de la Constitution de Justinien un moyen d'échapper à une identité de règle qui avait contre elle le sens commun, et cependant semblait résulter des expressions employées.

M. Le Halleur, s'emparant des mots : « *quæ non solent in emphyteuticis contractibus,* » pense que les termes : « *non prohibitas...,* » qui se trouvent dans la phrase suivante, ont une liaison étroite avec les précédents, et signifient seulement les personnes qu'un usage constant a écartées de ce contrat; il ne dit pas quelles seraient ces personnes. Peut-être Justinien a-t-il fait allusion à certaines incapacités existant en matière de louage, et qui, avant Zénon, devaient évidemment s'appliquer à l'emphytéose; ainsi celles des militaires et des curiaux (L. 30 et 31, C. J., *Locato conducto*). Les expressions « *non prohibitas* » rappelleraient ces incapacités et les maintiendraient.

Que faut-il entendre par personne solvable? Est-il nécessaire que cette solvabilité soit garantie par une caution, comme pour les emphytéoses du fisc et des corporations? La réponse doit être négative, puisque notre texte n'en dit pas un mot. Il suffira donc que le nouvel emphytéote ne soit pas notoirement insolvable pour que le *dominus* soit obligé de l'accepter, s'il ne prend pas l'aliénation pour lui?

Quels sont le but et l'étendue de cette faculté de retrait accordée au propriétaire?

Quant à son but, Justinien ne nous donne aucune indication; nous ne savons si c'était pour rendre impossible une dissimulation partielle du prix d'aliénation, ou bien pour faciliter la consolidation de la propriété, chose que les Romains ont toujours recherchée. Aussi ne pouvons-nous conclure de ce but à l'étendue plus ou moins moins grande de ce droit.

Cette étendue est l'objet de controverses. Nous avons vu plus haut que quelques auteurs restreignaient la faculté de retrait au cas de vente et tiraient de ce principe la conséquence que le consentement du propriétaire était exigé pour cette sorte d'aliénation seulement; ce que nous n'avons pas admis.

Voyons si cette restriction est justifiée. Nous ne trouvons aucune indication dans les textes antérieurs à Justinien; ils sont muets au sujet de cette faculté de retrait; d'où l'on peut conclure avec quelque vraisemblance que Justinien en est le créateur. Mais probablement elle était en usage avant lui, les emphytéotes qui désiraient aliéner aimant mieux avoir pour acquéreurs leurs propriétaires que de n'en pas avoir du tout; (à cette époque, on

s'en souvient, ils étaient à leur merci, l'autorisation n'é-
tant pas encore tarifée.)

Dans la constitution de Justinien les indications ne
sont guère plus précises; nous voyons les opinions les
plus opposées s'appuyer sur son texte.

M. Vuy cherche au moyen de distinctions assez arbi-
traires, et parce que quelquefois dans la constitution le
mot *emptorem* est seul appliqué à l'emphytéoteacquéreur,
à faire admettre que le droit de retrait n'est qu'un droit
de préemption, ne s'exerce donc qu'au cas de vente.

Mais les distinctions de M. Vuy ne sont guère ad-
missibles; pour nous en convaincre, lisons le texte de la
Constitution. Mais d'abord rappelons qu'en expliquant
les difficultés qui peuvent naître de son texte, il faut
toujours se souvenir de la généralité des termes dans
lesquels l'Empereur pose la question qu'il veut résoudre,
et que les phrases mêmes où il est question du droit de
retrait ne contiennent aucun terme qui puisse amener
les distinctions admises par M. Vuy. Voici le texte de
la constitution : « *Et si quidem dominus hoc dare
maluerit et tantam præstare quantitatem quantam revera emphyteuta ab alio accipere potest,* » expressions
dont le vague ne se comprendrait point si elles ne s'appliquaient qu'au cas de vente. Pourquoi « *quantitatem* »
quand « *pretium* » aurait été plus exact et plus net?
Pourquoi « *accipere potest* » au lieu de « *promissum fuit* »
qui serait plus juste s'il s'agissait d'une vente? Pourquoi enfin « *ab alio* » quand il eût été plus simple et plus
naturel de dire « *ab emptore?* » Cette largeur d'expressions se comprend au contraire fort bien si elles doivent
s'appliquer à toutes les causes d'aliénation, puisque ni

dans l'échange, ni dans la donation, il ne peut être question de prix, ni d'acheteur, ni, dans le second cas, de promesse.

Il faut reconnaître cependant que, pour l'échange du moins, des motifs d'un autre ordre militeraient en faveur de l'opinion présentée par M. Vuy. Il importe peu à l'emphytéote que ce soit telle ou telle personne qui lui paye le prix de l'aliénation; il lui importe peu aussi que, au cas de donation, elle porte sur le droit réel, ou seulement sur une somme d'argent; mais, au cas d'échange, il lui importerait beaucoup de conserver le droit réel plutôt que de recevoir une somme d'argent; car celui qui consentait à faire avec lui un échange pourra bien ne pas consentir à une vente. C'est là une considération assez grave; cependant on peut expliquer une semblable atteinte portée au droit de l'emphytéote par le désir du droit romain d'arriver à la consolidation et de garantir le propriétaire contre une évaluation inexacte.

Si nous admettons que le retrait se peut s'exercer dans tous les cas d'aliénation, il faut encore ne pas exagérer ce principe. Il est évident qu'il ne pourra être exercé au cas de transmission par voie d'hérédité, soit testamentaire, soit *ab intestat*, puisqu'une des conditions de la concession est sa perpétuité. Quant au legs, bien que le légataire ne continue pas la personne de son auteur, ainsi que l'héritier, et qu'à ce titre on puisse le traiter comme un acquéreur ordinaire, nous ne l'admettons que difficilement. La constitution de Justinien, dans aucun de ses termes, ne fait allusion aux aliénations pour cause de mort, et les mesures qu'elle indique supposent toutes que le droit réel n'est pas transmis immédiatement et par la seule volonté. Or le legs, quelle que soit sa nature sous Justinien, transmet ce droit; il n'y aurait dès lors plus moyen d'appliquer les règles indiquées par la constitution. Cela prouve qu'elle ne s'est pas occupée de ce cas.

Nous avons vu les formes de l'aliénation du droit emphytéotique, le mode et l'étendue du droit de retrait, nous arrivons à un troisième point, la perception du cinquantième du prix, ou de l'estimation qui a dû accompagner la dénonciation que l'emphytéote a faite au propriétaire de son intention d'aliéner.

Le cinquantième, on le sait, n'est autre chose que le prix tarifé de l'autorisation du propriétaire; seulement, si celui-ci n'a pas, dans les deux mois, voulu exercer le retrait, il n'a pas le droit de refuser d'investir le nouvel emphytéote en refusant le cinquantième.

Ici, comme sur toutes les parties de cette constitution, s'élèvent des difficultés.

Le *dominus* peut-il, en exerçant le retrait, retenir le cinquantième, c'est-à-dire ne payer à l'emphytéote aliénateur le prix ou l'estimation que déduction faite de ce cinquantième? Au premier abord il semble que oui, puisqu'il est dit que le propriétaire peut exercer le retrait, « *si maluerit tantam præstare quantitatem quantam ab alio revera accipere potest emphyteuta* »; or ce dernier ne recevrait le prix que déduction faite du cinquantième.

Nous répondrons d'abord : que cette proposition est fort contestable, puisque certains auteurs pensent que l'emphytéote seul est tenu de ce payement, et par suite que l'acquéreur est obligé de lui remettre le prix intégral; et ensuite : que, même en admettant sa justesse, il faut, lorsqu'on interprète des dispositions, tenir compte de l'endroit où elles sont placées ; or, au moment où Justinien permet au propriétaire l'exercice du retrait, moyennant payement de ce que l'emphytéote aurait pu recevoir d'un autre, il n'a pas encore été question du droit de cinquantième, et par suite, c'est de la « *quantitas* » intégrale qu'il est question.

Nous ajouterons qu'au point de vue du motif de la perception de ce droit, la solution contraire ne se comprendrait pas davantage ; c'est, nous l'avons dit, le prix de l'autorisation d'aliéner ; or, comment le *dominus* pourrait-il prétendre le prix d'une autorisa tion qu'il ne donne pas, puisqu'il prend l'aliénation pour lui.

Le propriétaire aura la faculté de percevoir ce droit pour toute aliénation entre vifs, soit à titre gratuit, soit à titre onéreux. Cela ressort suffisamment de la distinction entre le prix et l'estimation, distinction qui a déjà amené une décision semblable en matière de retrait, et qui existe au moins aussi formellement dans la dernière partie de la constitution que dans la première.

Nous ne saurions, en effet, donner à ces expressions un autre sens, et y voir le droit pour le propriétaire qui craint une fraude de la part de l'emphytéote de requérir l'estimation, si le prix lui semble trop minime. On n'établit pas une règle par une simple allusion ; or, avec la plus grande bonne volonté, on ne pourrait voir dans le texte qu'une allusion à un semblable droit. D'ailleurs nous savons que le *dominus* a déjà une garantie certaine contre des fraudes de ce genre dans l'exercice du retrait.

A l'égard des aliénations pour cause de mort quelles qu'elles soient nous reproduirons, et pour les mêmes raisons, ce que nous avons dit au sujet du retrait, il n'y aura pas lieu à la perception du cinquantième.

De ce que l'héritier n'a pas à le payer, certains auteurs ont conclu qu'au cas d'aliénation entre vifs à titre onéreux ou à titre gratuit, comme avancement d'hoirie, faite par l'emphytéote à son héritier, il n'y aura pas lieu pour le *dominus* à la perception du droit, ou tout ou moins il y aura lieu à restitution quand le nouvel emphytéote héritera de l'ancien.

Dans la première hypothèse cette décision est difficile à comprendre, car, du moment qu'il y a eu aliénation à titre onéreux, qu'importe que plus tard l'acquéreur devienne héritier. Au moment du contrat le *dominus* avait le droit de percevoir le cinquantième, un fait postérieur ne peut le lui enlever ; autrement il faudrait dire que, au cas d'aliénation faite à une personne qui ne serait pas héritière de l'emphytéote à ce moment, et qui le deviendrait par la suite, il y aurait lieu à restitution du cinquantième perçu, ce que personne ne voudrait soutenir.

Dans la deuxième hypothèse la solution proposée ci-dessus semble plus admissible à cause de la question d'avancement d'hoirie ; l'emphytéote ne semble ici qu'avoir avancé un peu le cours naturel des choses. Cette observation elle-même est inexacte, car il se pourrait fort bien que, héritier au moment de la donation, le donataire ne le fût plus au moment de la mort de l'emphytéote. Et que l'on ne vienne pas dire que dans ce cas il y aura lieu à perception du droit, car ce serait permettre qu'un fait postérieur à l'aliénation vînt influer sur le droit au cinquantième; de sorte que, dans le cas de donation faite à un étranger, qui plus tard deviendrait héritier de l'emphytéote, il faudrait restituer le cinquantième perçu. Ce résultat nous l'avons déclaré injustifiable dans le premier cas, il l'est également ici.

Ajoutons à ces observations une raison qui s'applique également aux deux hypothèses : c'est que dans l'une comme dans l'autre l'emphytéote originaire transmet son droit autrement que pour cause de mort; il se trouve donc dans les termes de la constitution que nous étudions, et le *dominus*, contraint d'accepter un nouvel emphytéote qui ne continue pas la personne du premier, a le droit d'exiger le cinquantième.

Une autre question s'est élevée sur le privilège de l'héritier. On s'est demandé si, dans le cas de plusieurs héritiers et l'emphytéose étant mise dans le lot de l'un d'eux, celui-ci ne serait pas dispensé de payer le cinquantième, non-seulement de la valeur de sa part de l'emphytéose, ce qui est évident puisqu'il l'a acquise pour cause de mort, mais encore de la valeur de la part de ses cohéritiers, bien qu'il l'ait acquise d'eux entre vifs, soit par échange, soit par vente. Nous savons, en effet, qu'en droit romain le partage est non pas déclaratif, mais attributif de propriété, qu'il contient une véritable aliénation entre vifs faite par les héritiers entre eux. Aussi ne comprendrait-on pas la question, s'il n'y avait un texte, Nov. 112, cap. 1, où il est dit : « Quand des choses litigieuses viennent aux héritiers, la division de ces choses entre eux ne doit pas être considérée comme une aliénation. » Pour faire tomber l'argument que l'on pourrait tirer de ce texte il suffit de rappeler la règle que le partage est attributif de propriété, et de rendre à cette loi son caractère d'exception et non d'application de la règle générale. (L. 6, Dig., § 8, *Communi dividundo*.)

Maintenant que nous connaissons les cas où il y a lieu au payement du cinquantième, voyons à qui le *dominus* doit s'adresser pour l'obtenir. Au fond cette question n'a pas grand intérêt, puisque, quelle qu'en soit la solution, ce sera toujours l'ancien emphytéote qui, au cas d'aliénation à titre onéreux, supportera la diminution ainsi occasionnée, et ce sera le nouveau au cas d'aliénation à titre gratuit. Examinons-la cependant.

Certains auteurs veulent que le *dominus* n'ait d'action que contre le nouvel emphytéote; celui-ci est seul obligé à son égard, grâce à la novation qui a été faite. Nous avouons, avec MM. Vuy et Le Halleur, ne pouvoir adopter cette solution. Le cinquantième n'est que le prix tarifé du consentement donné à l'aliénation par le *dominus;* or il est certain que dans le principe, avant qu'il fût tarifé, l'ancien emphytéote était seul tenu de le payer, puisqu'en échange de ce payement le propriétaire consentait à faire une novation par changement de débiteur. Cette décision doit être maintenue, car le prix a toujours la même cause, bien qu'un maximum lui ait été fixé. D'ailleurs, on ne peut s'empêcher de remarquer que la constitution, en parlant du cinquantième, comme dans toutes ses autres parties, ne s'occupe que des rapports entre le *dominus* et l'ancien emphytéote. Ainsi, c'est à ce dernier que le *dominus* doit s'adresser, sauf pour lui le droit de recourir contre son acquéreur.

Comme ce dernier peut avoir un grave intérêt à ce que

les conditions requises pour la validité de l'aliénation soient accomplies, puisque, si elles ne le sont pas, la peine est la déchéance du précédent emphytéote, et par suite la perte de son propre droit, il faut admettre qu'il a le droit d'opérer le payement, sauf à compter ensuite avec son prédécesseur. On peut même aller plus loin, et dire qu'il sera tenu envers le *dominus* comme tiers détenteur qui s'enrichirait à son détriment, s'il prétendait garder le fonds sans payer le cinquantième ; mais en faisant abandon il échapperait à toute poursuite, n'étant pas obligé personnellement.

Il ne nous reste plus à voir qu'un changement introduit par Justinien : il porte sur la déchéance pour défaut de payement du canon, et c'est la L. 2, C. Just. *De jure emphyteutico* qui s'en occupe.

Voici, en résumé, ce qu'elle dit : « Il faut s'en tenir aux conventions formelles ; en leur absence, le non payement des impôts ou du canon pendant trois ans emporte déchéance, sans indemnité pour les améliorations ; le *dominus* peut la demander sans mise en demeure préalable. D'autre part, l'emphytéote peut, si le *dominus* refuse de recevoir, lui faire offre de la somme par lui due, et en faire le dépôt avant l'écoulement des trois ans pour éviter la déchéance. »

Diverses questions sont nées de ce texte : La déchéance ne sera-t-elle encourue que par l'absence totale de payement pendant trois ans, tant des impôts que du canon ? Cette controverse, si l'on avait eu égard aux principes, ne serait jamais née. Chacun sait en effet qu'une obligation n'est accomplie que lorsqu'elle l'est intégralement ; par suite, du moment que la peine de l'inexécution est la déchéance, elle est encourue malgré un accomplissement partiel (L. 85, § 6. Dig., *De Verborum obligat.*). C'est un argument de texte qui a fait naître le doute : « *Si neque pecunias neque apochas domino...* » Il faut donc, a-t-on dit, qu'il n'y ait eu payement ni de l'un ni de l'autre. A cet argument de texte, Doneau oppose un autre texte tiré de la même constitution : « *si solitam pensionem vel publicarum functionum apochas...* » Cette contradiction doit nous rejeter dans la règle, et faire prononcer la déchéance du moment que, pendant trois années, soit l'impôt, soit le canon, n'a pas été payé.

Autre question. Le *dominus* peut-il demander en même temps l'arriéré qui lui est dû et la déchéance?

Vinnius dit que non, parce que l'on ne peut demander *pœnam et rem*. Ce motif est erroné selon Doneau et M. Le Halleur. Il n'y a pas ici, en effet, de *pœna*; la *pœna* est la clause pénale insérée par les parties dans une convention, et qui doit remplacer, si celle-ci n'est pas exécutée, le profit que l'une des parties espérait en retirer.

Remarquons d'ailleurs où nous mènerait l'opinion de Vinnius, à dire que le propriétaire qui aurait fait prononcer la déchéance de l'emphytéote ne pourrait lui demander l'arriéré; c'est ce qu'il est impossible d'admettre; souvenons-nous, en effet, qu'avant cette constitution la déchéance, comme au cas de louage, avait lieu par deux ans. Or personne n'aurait soutenu que le propriétaire qui demanderait la déchéance de son locataire ne pourrait en même temps lui demander les termes échus ; décider le contraire eut été une iniquité flagrante, puisque ce dernier eut joui pour rien pendant deux années de la chose d'autrui. Nous trouvons un texte formel qui applique cette décision à l'emphytéose des biens ecclésiastiques, et les principes, comme l'équité, doivent faire croire que ce n'est là qu'une application de la règle.

On ne saurait davantage ébranler cette solution en invoquant l'analogie qui existe entre le cas qui nous occupe et la *lex commissoria* au cas de vente. On comprend que le vendeur ne puisse à la fois redemander la chose et demander le prix, celui-ci en effet n'est dû par l'acheteur qu'autant que la chose lui est livrée; mais ici l'emphytéote a eu ce qui représente la valeur des termes arriérés, c'est-à-dire la jouissance; il doit donc les payer, bien que le fonds lui soit enlevé. A partir de ce moment il ne payera plus rien, et c'est alors seulement que l'on peut trouver une certaine analogie avec la *lex commissoria*.

La solution que nous venons de donner est de Doneau qui a, selon nous, heureusement combattu les raisons de Vinnius. Mais nous nous séparons de lui quand il va jusqu'à dire, qu'au cas de clause pénale insérée dans le contrat d'emphytéose, le *dominus* pourra encore, même après avoir accepté le payement de cette clause pénale, poursuivre la déchéance de l'emphytéote.

Nous n'admettons pas non plus l'opinion de Vinnius, bien qu'elle soit contraire à celle de Doneau, et surtout nous repoussons le motif qu'il invoque; c'est le même que dans la discussion précédente, et la solution de la difficulté qui nous occupe n'est pour lui qu'une conséquence de celle qu'il a adoptée dans la première question.

Selon nous, il faut distinguer; en effet, ou la clause pénale a eu pour but de remplacer la déchéance, et dans ce cas « *res* » c'est la déchéance, « *pœna* » c'est la clause pénale, par conséquent le payement de la clause pénale ôtera bien au *dominus* le pouvoir de poursuivre la déchéance, mais ne lui ôtera pas celui de demander l'arriéré à l'emphytéote ; ou bien la clause pénale a été introduite pour remplacer l'arriéré dû par l'emphytéote ; dans ce cas « *res* » c'est l'arriéré, « *pœna* » c'est la clause pénale ; le payement de cette dernière accepté sans protestation, ôtera au *dominus* le droit de demander les termes arriérés, mais lui laissera, pensons-nous, celui de demander la déchéance. M. Pépin Le Halleur n'accepte pas cette dernière proposition. Il donne pour motif que la clause pénale a été introduite comme plus favorable au *dominus* que le payement de l'arriéré, qu'elle renferme donc une véritable pénalité, à laquelle il ne faut pas ajouter celle de la déchéance ; il oublie que lui-même, un peu plus haut, a refusé à cette dernière la qualification de *pœna*.

Si le non-payement de ce qu'il doit pendant trois années soumet l'emphytéote à la déchéance, il ne lui ouvre pas le droit d'abandon. La décision contraire serait le renversement du principe que nul ne doit tirer un profit de sa faute, et du texte même de notre constitution :« *Si dominus voluerit, repellendo* »; le *dominus* peut le garder ou l'expulser selon son intérêt, et cela quand même une peine aurait été insérée au contrat contre le propriétaire qui expulserait l'emphytéote, « *nulla ei pœna opponenda...* », décision analogue à celle donnée en matière de louage. (L. 54, § 1.; Dig. *Locati conducti*.)

Nous devons croire cependant que si, depuis le moment où il aurait pu demander l'expulsion, et après que l'emphytéote s'est complétement acquitté envers lui, le propriétaire a reçu des termes qui n'étaient pas encore échus à ce moment, il a par cela même renoncé au droit d'exercer son action en déchéance. Il montre, en effet, son intention de maintenir la concession en recevant ce qui représente la jouissance du concessionnaire.

DE QUELQUES EMPHYTÉOSES SPÉCIALES.

Pour terminer l'étude de l'emphytéose à l'époque de Justinien, nous rappellerons que de l'avis commun, et contrairement à l'opinion des glossateurs, il ne faut pas, même à cette époque, confondre celle des particuliers dont il est question au liv. IV, tit. 66 du Code de Justinien avec l'emphytéose du domaine impérial dont s'occupent un certain nombre de titres aux liv. X et surtout XI du même Code. Nous voyons reproduites dans ces derniers un grand nombre de décisions qui formeraient antinomie complète avec le tit. 66 du liv. IV, si l'on n'admettait pas chez Justinien l'intention de conserver aux emphytéoses du domaine certaines des règles communes au *jus perpetuum salvo canone* et au *jus emphyteuticum* antérieur à la constitution de Zénon.

Ces différences on pourrait les connaître en comparant nos explications successives sur le *jus perpetuum* et sur le *jus emphyteuticum;* pour plus de facilité nous les résumerons ici.

Au point de vue des droits et obligations de l'emphytéote nous avons décidé : qu'en matière d'impôts, si le fonds était « *rei privatæ,* » il n'était pas soumis au *tributum,* que, s'il était « *patrimonialis,* » la question était plus douteuse ; que les uns comme les autres étaient soumis aux *munera extraordinaria* à l'époque de Justinien ; mais nous avons reconnu que cette solution était loin de présenter une complète certitude. Sur ces diverses questions que nous avons examinées plus haut consulter les lois 1 et 4, C. Théod., *De Annonis et tribulis*, et la L. 30, même titre, ainsi que les lois 1, 2, 3, *De collatione Fund. patri.*, C. Just.

Certaines règles sont [posées pour le mode et l'époque de payement du canon.

On peut se demander si au cas d'années stériles il n'y aura pas lieu à une remise proportionnelle du canon par application de la L. 15, § IV. *Locati*, Dig. Nous devons l'admettre, sachant que le *jus in agro vectigali* s'est confondu avec l'emphytéose du domaine impérial ; à moins que le maintien de ce texte ne soit la conséquence d'une erreur, et que les compilateurs n'aient oublié la modification introduite par Zénon. Cela n'est pas impossible, surtout quand on songe que ce texte se trouve au Digeste, et que c'est au Code que sont exposées les règles de l'emphytéose.

D'après les lois 6, 7, 9 et 10, *De omni agro deserto*, C. Just., l'emphytéote doit joindre aux terres fertiles de sa concession les terres stériles voisines, et après deux années payer une augmentation de canon et d'impôts pour les terres ainsi ajoutées.

Au point de vue de la transmission du droit emphytéotique, l'emphytéote qui désire aliéner son droit entre vifs a besoin de l'autorisation du juge, s'il ne veut pas rester personnellement tenu du payement du canon. (L. 3, C. Just., *De fundis rei privatae.*)

Aucun texte ne parle de la transmission par legs, aussi faut-il, selon nous, lui appliquer la même règle.

Le nouvel emphytéote doit engager ses propres biens comme garantie du payement du canon, et même si cela est jugé nécessaire fournir des fidéjusseurs. (L. 3 et 6, C. Just., *De omni agro deserto*, et L. 7, *Fundis patrim.*)

Il y a aussi des incapacités spéciales qui frappent certaines personnes à qui il est défendu d'acquérir des emphytéoses du domaine. (C. Uniq., C. Just., *Quibus ad cond. præd. fisc.*)

Pour ce qui est des causes de déchéance, il semble résulter des Lois 4, C. Just., *De collat. fund. patr.*, et 2, *De fund. rei privatæ*, que le retard d'une seule année dans le payement des impôts entraine déchéance, et que le non payement d'un seul terme du canon, accompagné de la diminution des sécurités qu'offrait l'emphytéote, permet de l'expulser et de mettre un autre à sa place.

Le payement des impôts, lorsqu'il y en a, se fait aux mains des employés du fisc, celui du canon aux mains des juges ordinaires. (L. 5, C. Just., *De collat. patr. fund.*)

Telles sont les principales différences entre l'emphytéose du domaine et celle de droit commun.

L'emphytéose des biens ecclésiastiques et institutions charitables en présente aussi quelques-unes ; elles se trouvent indiquées assez longuement dans les Nov. 7 et 120.

Dans la première, qui prohibe l'aliénation de ces biens, il est fait défense de créer sur ces mêmes biens des emphytéoses perpétuelles ; il est permis seulement de les constituer à deux degrés, le concessionnaire, ses enfants et petits enfants. A défaut de descendants le conjoint survivant, au cas de stipulation expresse, jouissait de l'emphytéose sa vie durant; à sa mort, ou à son défaut, ou en l'absence de stipulation semblable, le fonds retournait à la communauté propriétaire. Le cahon devait représenter les cinq sixièmes des revenus du fonds.

La seconde restreint la prohibition de la première à l'église de Constantinople, mais ne reproduit pas ce qui concerne le conjoint survivant; en faut-il conclure à la suppression de ce droit? Nous ne le croyons pas; pour qu'une loi subséquente abroge une loi précédente, il faut que cette abrogation soit formelle; or, sur ce point, rien de semblable, et l'on peut ajouter que l'esprit qui a dicté cette Novelle cadrerait mal avec l'idée de restrictions nouvelles apportées au droit des Eglises de constituer des emphytéoses, puisqu'elle supprime la plus grande partie des prohibitions de la Novelle 7.

Un mot qui se trouve dans le texte de la Nov. 120, cap. 6, a fait croire quelle ne ramenait pas purement et simplement au droit commun les emphytéoses ecclésiastiques, mais qu'il fallait une mention formelle de la perpétuité dans la concession, tandis que dans les emphytéoses privées la perpétuité est la règle, ce mot c'est : « *volentibus.* » Il ne peut signifier que le consentement de la communauté sera nécessaire à la perpétuité, ce serait une vérité trop vraie, il ne peut donc avoir que le sens de volonté exprimée.

Selon nous c'est beaucoup tirer d'un seul mot, surtout quand il émane d'un empereur naturellement prolixe; d'ailleurs ne peut-il pas s'expliquer? Justinien change un état de choses où les Eglises, même qui le voulaient, ne pouvaient constituer d'emphytéoses perpétuelles ; n'est-il pas naturel qu'il dise : Maintenant celles qui le voudront pourront le faire ?

La prohibition maintenue pour l'Église de Constantinople subit elle-même des restrictions dans le cas d'édifices ruinés que l'Église ne pouvait relever vu sa pauvreté. Mais, dans ce cas, l'emphytéote qui avait reçu la concession perpétuelle devait, de par la loi, payer soit un tiers des revenus que le fonds donnait avant sa ruine, en le payant depuis le jour de la concession, soit la moitié de ces mêmes revenus, en la payant du jour de la reconstruction. Ajoutons que pour toutes les églises il y avait certaines personnes incapables d'acquérir des emphytéoses même temporaires. (Nov. 120, cap. v, § 1.)

Le contrat emphytéotique devait être rédigé, à peine de nullité. (Nov. 120, cap. v, pr., et cap. vi, § 2.)

La déchéance faute de payement avait lieu par deux années et pouvait, sans aucun doute, être demandée même après que le payement de l'arriéré du canon avait été obtenu. (Nov. 120, cap. viii.)

Enfin le cap. 1, § 1, de la Nov. 120 nous indique une autre différence, un droit de retrait tout spécial, qui peut être exercé dans toute espèce d'aliénation ou de transmission, et même pendant deux années après qu'elle a été accomplie ; mais pour cela il faut que le nouvel emphytéote soit « *imperialis domus, aut sacrum ærarium, aut civitas aliqua, aut curia, aut venerabilis alia domus.* »

Nous savons maintenant les règles tant de l'emphytéose de droit commun que des emphytéoses exceptionnelles. Avant de passer à l'étude des temps postérieurs à Justinien, nous donnerons un résumé rapide de la théorie que nous venons d'exposer.

L'emphytéose, qui a pour origine première le *jus in agro vectigali*, et qui a passé par le *jus perpetuum* et l'emphytéose du domaine impérial, est un droit réel et perpétuel, du moins de droit commun. Ce droit s'établit par la tradition. Le concessionnaire jouit de la chose de la manière la plus large; il ne peut détériorer ni constituer de servitudes, mais il peut créer des hypothèques. Comme *possessor*, il doit les impôts, il a les interdits et la publicienne; comme ayant sur la chose un droit réel, il a une *actio in rem* aussi bien contre le propriétaire qui a livré que contre les tiers.

Il peut aliéner son droit entre-vifs après l'accomplissement de certaines formalités, et pour cause de mort sans ces formalités.

Il est déchu de son droit par abus de jouissance, par le non-payement du canon pendant trois ans, par le non-accomplissement des formalités requises au cas d'aliénation.

Il ne peut se libérer de l'obligation de payer le canon par prescription soit acquisitive de la propriété, soit libératoire, et le droit réel emphytéotique n'est pas susceptible d'acquisition par prescription.

Telles sont, brièvement énumérées, et l'origine et les règles de l'emphytéose; c'est un droit essentiellement *sui generis*, dû à l'état anormal de la société où il s'établit, et qui tient sous certains rapports à l'usufruit, sous d'autres au bail, mais le plus souvent diffère de l'un et de l'autre.

Certaines personnes ont voulu voir dans ce droit une

grande analogie avec le colonat; elles se fondent sur ce que, d'une part, la position de l'emphytéote est inférieure à celle du propriétaire, et que, d'autre part, une foule de textes qui protègent le colon contre les exactions du *dominus* prouvent le droit supérieur de ce dernier. Selon nous cette assimilation est de tout point forcée; nous n'admettons pas plus l'infériorité de l'emphytéote à l'égard du *dominus* que celle du preneur à l'égard du bailleur; un contrat les lie, et le *dominus* est aussi satisfait de trouver un emphytéote, que celui-ci de trouver quelqu'un qui veuille lui concéder un fonds. L'infériorité, au contraire, est réelle entre le colon et le propriétaire : le premier n'est qu'un esclave attaché au fonds par son maître; aucun contrat ne les lie, et si l'intérêt avait poussé les maîtres à laisser les colons sur la même terre, en leur accordant le droit de garder une part des fruits pour les pousser à la culture, ce qui a été plus tard converti en lois par les empereurs, ces lois avaient pour but non de relever la position des colons, mais de conserver à la terre les seules personnes qui la cultivaient, et de permettre la perception des impôts, devenue si difficile par l'abandon général de la culture. Ce qui le démontrerait au besoin, c'est la défense faite aux colons, même dans ce dernier état du droit, d'intenter une action judiciaire contre leurs maîtres, sauf quelques exceptions. (C. 2, C. Just., *In quibus causis coloni*.)

Il faut donc rejeter cette analogie apparente et maintenir à l'emphytéose son caractère bien tranché.

Nous sommes arrivés au terme de nos études sur l'emphytéose en droit romain; car, à partir de ce moment, du moins dans l'Occident, elle tend à perdre ses caractères, et à revêtir ceux que les invasions germaniques, puis la féodalité, ont imprimé plus ou moins aux institutions romaines qu'elles ont conservées, comme à celles qu'elles ont créées. Nous pouvons dire que nous entrons dans l'étude de l'emphytéose en droit français, et si nous nous occupons encore quelque temps de droit romain, c'est que, pour ce contrat surtout, il faut, afin de comprendre les modifications successives qu'il a subies, le suivre pas à pas depuis Justinien, comme nous l'avons fait pour l'époque précédente.

DE L'EMPHYTÉOSE

EN DROIT FRANÇAIS.

ÉTUDE DES PRINCIPALES CONCESSIONS D'ORIGINE ROMAINE OU GERMANIQUE EN USAGE A L'ÉPOQUE FRANQUE, EN LES COMPARANT A L'EMPHYTÉOSE.

Nous venons d'indiquer la nécessité de poursuivre historiquement nos recherches pour parvenir à retrouver au moyen âge et de nos jours dans une institution assez différente quoique portant le même nom l'ancienne emphytéose romaine.

Il semble à première vue que les habitants de l'empire d'occident ne connaissaient sur la concession qui nous occupe que les lois de Théodose, car les chartes de cette époque, le manuel intitulé *Petri exceptiones*, plus tard les Capitulaires, ne l'appliquent qu'aux biens des églises. Mais il faut se souvenir que Justinien, maître de Rome et d'une partie de l'Italie, y avait fait publier ses lois, et que, pendant nombre d'années encore, l'empire d'Orient posséda l'exarchat de Ravenne; enfin, et ce qui tranche la controverse, la règle mentionnée dans

6

les *exceptiones* est tirée des recueils de Justinien, ils étaient donc connus en Occident. Toujours est-il que l'on peut conclure de ce silence des textes que, dans cet empire, la pratique avait peu employé l'emphytéose appliquée aux biens des particuliers.

A côté de l'emphytéose proprement dite, nous rencontrons des concessions, tantôt venant de l'ancien droit romain comme le précaire, tantôt de création plus récente, comme ce que les interprètes ont appelé le *libellarius contractus*, tantôt d'importation germanique, comme l'*hospitalitas*. Il ne rentre pas dans le cadre de cette étude d'examiner chacun de ces droits divers qui, même en admettant certains points de contact avec l'emphytéose, en diffèrent cependant plus qu'ils n'y ressemblent; nous en donnerons cependant une légère idée, parce qu'ils se sont tous fondus dans l'emphytéose, le bail à cens et les autres concessions féodales.

Le précaire vient du très-ancien droit romain, nous l'avons vu employé pour les concessions de l'*ager publicus*; nous le retrouvons à présent, mais avec des changements.

Dans les textes romains, on le voit employé pour les *patrocinia vicorum*. Les petits se mettent à l'abri des grands en leur transmettant leurs biens qu'ils reprennent à titre de précaire et moyennant une redevance. Dans les chartes et les lois du temps de l'invasion et des premiers rois francs on trouve le même procédé employé par l'Eglise; tantôt ce sont des biens qui lui sont donnés et qu'elle concède en précaire au donateur avec ou sans redevance; tantôt ce sont des biens appartenant à l'Eglise qu'elle concède spontanément ou sur l'ordre des seigneurs, ce qui était fréquent à cette époque troublée, moyennant une redevance annuelle qui, dans le dernier cas, souvent n'était pas stipulée.

Il arrivait aussi que l'Église faisait une concession semblable à une personne qui lui donnait l'un de ses biens en usufruit ou en toute propriété.

Le nom de précaire est encore donné à d'autres concessions : ainsi à l'usufruit d'un de ses biens que l'Église accorde en échange d'un dation, soit en nue, soit en pleine propriété, qui lui est faite par le concessionnaire à la mort duquel l'Église se trouvera avoir deux biens au lieu d'un. Il en est question déjà sous Justinien, Nov. 7, pr., et 120, cap. 2. Plus tard, un taux fut fixé pour ces concessions, l'Église ayant été fréquemment frustrée grâce à la valeur minime du fonds qui lui était donné en échange.

Mais cette convention ne prit que par abus le nom de précaire, et si le capitulaire de Charles le Chauve *in villa Sparnaco* le désigne ainsi, c'est qu'il a pris le terme appliqué à cette époque à une multitude de concessions différentes. C'était au fond une vraie constitution d'usufruit.

Quant au précaire véritable, celui qui résultait d'une concession volontaire de l'Église ou de particulier, nous avons vu qu'une redevance n'était pas toujours stipulée, et nous ajouterons, ce qui constitue le différence fondamentale entre cette concession et l'emphytéose, que la seconde est perpétuelle, du moins de droit commun, tandis que la première est temporaire, non pas cependant comme le précaire ancien, qui était révocable *ad nutum*, mais comme l'usufruit; les chartes disent : « *usufruc-tuario ordine absque ulla diminutione possidere.* »

Il faut reconnaître que, dans le fait, sinon en droit, cette différence tend à disparaître; car, d'une part, l'emphytéose appliquée aux biens ecclésiastiques dans l'occident est temporaire; d'autre part, souvent, dans les chartes qui créent des précaires, la concession est faite au preneur et à ses descendants, et lorsqu'elle ne l'est pas, les mœurs, les usages, tant pour les biens d'église que pour les biens privés, tendent à la perpétuité, jusqu'à ce que les coutumes fassent une loi de ce qui était un usage.

Remarquons en passant, que nous laissons de côté certaines concessions précaires et perpétuelles qui n'étaient soumises à aucune redevance; elles rentrent dans les bénéfices qui, plus tard, deviendront fiefs. Le précaire dont nous nous occupons doit nécessairement, ou bien n'être que temporaire, s'il n'y pas de redevance, ou, s'il est perpétuel, être accompagné d'une redevance, autrement le rapport entre le concédant et le cessionnaire serait purement honorifique, tandis que les concessions à précaire, maintenant comme dans les premiers temps de Rome, ont pour but de tirer un profit des fonds concédés.

Nous ferons remarquer en terminant, que le précariste, comme l'emphytéote, n'était tenu à aucun service personnel, et que les règles au point de vue de la jouissance et de la déchéance étaient analogues, sauf en ce qui concerne les formalités de l'aliénation qui ne pouvait être faite, du moins dans le principe, sans le consentement du propriétaire. Peu à peu, toutes ces différences se confondront dans les rapports nouveaux que la féodalité aura créés entre propriétaires et tenanciers.

Une autre institution que Dumoulin a confondue avec l'emphytéose, et qui pourtant, si l'on en croit Cujas, en serait fort distincte, est celle dont il est question pour la première fois dans une Nov. de l'empereur Léon, sous le nom d'emphytéose perpétuelle, expression fausse à deux points de vue. Il s'agit en effet d'une concession temporaire à laquelle les interprètes ont donné le nom de *libellarius contractus*, nom qui du reste, comme celui de précaire, a été employé dans des sens assez divers. En outre, d'après Cujas, ce serait une véritable vente sous condition résolutoire moyennant un prix une fois payé, plus une redevance annuelle.

Ces deux caractères distinguent profondément le *libellarius contractus* de l'emphytéose; mais l'empereur Léon, en obligeant le concédant à renouveler la concession moyennant un droit fixé au double du canon annuel, a singulièrement diminué la première de ces différences et est parvenu à faire d'une concession éminemment temporaire une concession perpétuelle.

Elle semble avoir été fréquemment employée pour éluder la défense d'aliéner les biens de l'Église.

Une institution d'origine germanique, et qui n'a duré que pendant la période de transition entre la conquête et l'établissement définitif des barbares en Occident, l'*hospitalitas*, a été considérée comme l'application de l'emphytéose en grand; les Lombards, les Burgundes surtout l'employèrent. La terre des vaincus n'était pas partagée en nature avec les vainqueurs, mais chacun de ceux-ci avait le droit de percevoir le tiers du revenu net ou brut, cela est incertain, d'une certaine portion de terres.

Il résultait de là une certaine restriction au droit du propriétaire. Ce serait cependant aller trop loin que d'assimiler le vaincu, qui doit à l'*hospes* un tiers de ses revenus, à l'emphytéote, qui doit le canon au *dominus*; toute l'analogie se borne, croyons-nous, à ce que le vaincu ne pourra diminuer le revenu du fonds, ce qui diminuerait la part de l'*hospes*.

Ce droit dura peu, et ne fut guère introduit dans le nord de la France, où le partage en nature lui fut substitué. Ce partage, comme celui qui se fit entre les conquérants, prit les formes les plus variées et, malgré cette diversité, de nombreux auteurs trouvent dans les différents modes employés l'influence de l'emphytéose.

Nous laissons de côté le cas, très-fréquent sans doute dans l'origine, où chaque partie avait sa part en pleine propriété; c'est ce qui constitua l'« alleu »; mais l'état troublé de l'Europe amena, dans le nord surtout, sa disparition presque complète; on connaît, en effet, la maxime : « Nulle terre sans seigneur. » Dans le midi, ce droit subit aussi de graves atteintes, malgré la maxime : « Nul seigneur sans titre. » Nous ne nous occupons pas de ce mode de partage, il ne rentre pas dans notre sujet. On pourrait dire sans doute qu'il y avait là une véritable concession faite par les barbares conquérants aux anciens propriétaires qu'ils avaient dépouillés par la force, et à qui ils rendaient partie de leurs terres, mais cette concession était faite en toute propriété, et aucun lien n'unissait les concédants aux concessionnaires.

Du reste, elle fut restreinte dans la plupart des cas

aux terres des particuliers. Quant aux immenses domaines abandonnés, et au non moins vastes espaces appartenant au fisc, dont les princes barbares s'emparèrent, ainsi que leurs fidèles, le partage se fit d'une manière différente, et l'on croit rencontrer ici quelques ressemblances avec l'emphytéose.

Ces terres, qui souvent sont nommées *villæ*, étaient partagées par le prince ou les grands entre les guerriers qui les avaient suivis (*comites*) ; ces concessions, récompenses de la fidélité, remplacèrent les dons mobiliers que les chefs faisaient d'ordinaire en Germanie à ceux qui s'étaient attachés à leur fortune. Accordées à des hommes libres, ceux-ci avaient le droit d'y renoncer, et leur droits quant à la jouissance, quant à l'aliénation, quant à la succession variaient à l'infini. On peut cependant reconnaître que fréquemment le titre était héréditaire, qu'une redevance annuelle était exigée, et, ce qui distinguait tout à fait ce droit de l'emphytéose romaine, des services personnels étaient stipulés. Ce qui rendit la différence plus tranchée encore, c'est qu'à cette époque troublée il arriva souvent que les concessionnaires furent réduits à l'état des *aldiones* de la Germanie assez semblables aux colons de l'empire romain. Ils devenaient esclaves de la glèbe, ne pouvaient plus quitter le fonds auquel ils étaient attachés, étaient obligés aux services les plus humbles (*servile servitium*), n'avaient ni le droit d'aliéner, ni celui de succéder, et étaient à la merci du concédant à la juridiction duquel ils étaient soumis; ils prenaient alors le nom de *mansoarii*.

Quelquefois ces concessions ont conservé leur nature primitive, et se sont même rapprochées d'un autre mode de partage en usage en Germanie qui avait quelque ressemblance avec les *patrocinia vicorum*; c'était la recommandation. Un homme libre se recommandait ainsi que ses biens à un chef dont il devenait le fidèle et auquel il jurait obéissance et fidélité ; puis il reprenait en précaire les biens recommandés, et fréquemment des biens plus considérables. En Germanie ces biens étaient généralement mobiliers à cause de la vie nomade, après la conquête ce furent des terres ; et, selon que ces concessions furent faites avec ou sans redevance annuelle, nous avons l'origine du bail à cens, ou l'origine du fief.

Du reste ici, comme dans le cas précédent, il arriva souvent que des concessionnaires qui ne devaient que la fidélité, ou une redevance avec des services guerriers, furent amenés à un état voisin de celui des *mansoarii*. Les lois y aidaient, car le séjour sur certaines terres qui n'admettaient que des manses serviles faisait perdre *l'ingenuitas*, et dans ces cas le *commendatus*, le recommandé, devenait colon, plus tard serf de la glèbe.

Si le *commendatus* conservait son caractère véritable il avait alors généralement un droit assez étendu sur le fonds. Il lui était permis d'y renoncer, du moins à l'origine ; mais comme il était soumis à la juridiction du *senior*, celui-ci grâce à son pouvoir finit par lui enlever ce droit. Le principe de l'hérédité, et le droit d'aliéner qui, vu le caractère personnel de ces concessions, n'étaient pas admis dans le principe, s'introduisirent dans les usages, puis dans la loi ; un droit de mutation rappella l'ancien droit du concédant. Ce qui aida à cette transformation, c'est le caractère de réalité que revêtirent peu à peu les obligations qui unissaient les parties.

L'inexécution des engagements, soit par l'une, soit par l'autre d'entre elles, le non-payement du cens, devaient entraîner la déchéance.

L'analogie entre ces concessions et l'emphytéose est, comme on le voit, très-lointaine.

Souvent elles prirent le nom de bénéfices, terme essentiellement générique à cette époque, et dont l'origine a été l'objet de bien des controverses. Selon nous, elle ne saurait être douteuse. Les bénéfices de l'époque franque dérivent évidemment des rapports qui existaient dans l'ancienne Germanie entre chefs et fidèles ou *comites*, rapports qui ont changé de nature avec le changement de genre de vie, et ont pris un caractère territorial. Dans un sens restreint et plus récent ce terme s'applique aux seules concessions faites sans charge de redevance.

Certains auteurs, trompés par la similitude de noms, ont cru que ces bénéfices venaient des bénéfices romains; ils ont oublié que ces derniers, concédés par l'empereur seul à des soldats, le plus souvent à des barbares en masse, et avec la charge de défendre la frontière, ne pouvaient être comparés à des concessions éminemment individuelles, faites par des chefs aussi bien que par le roi, et entraînant un lien personnel entre concédants et concessionnaires.

Ici l'on peut dire que nous sommes bien loin de l'emphytéose. La concession finit avec le bénéficiaire puisqu'elle n'a d'autre cause que le lien personnel de recommandation, l'aliénation est prohibée; et si plus tard succession et aliénation deviennent possibles, dans cet ordre plus élevé de concession le port de la foi et de l'hommage ou bien un droit de mutation, et souvent les deux réunis, quand la concession a été faite moyennant redevance, rappellent encore le caractère germanique de ces institutions, et font rejeter toute analogie avec l'emphytéose.

Quant aux bénéfices dans le sens le plus restreint de ce mot, l'obligation au service militaire, l'absence de redevance, rendaient une semblable assimilation plus inadmissible encore.

En résumé, et pour l'époque qui a précédé l'établissement définitif de la féodalité, nous dirons :

Que l'on rencontre encore de véritables emphytéoses, mais seulement temporaires et appliquées aux biens des églises.

Que pour les autres concessions portant des noms fort divers à cette époque, elles ont peut-être quelque analogie lointaine avec l'emphytéose, mais n'en dérivent certainement pas, et viennent des rapports plus ou moins élevés qui existaient en Germanie entre les « *liti* ou *aldiones, comites, fideles* et *commendati* » avec les chefs guerriers, les premiers ressemblant aux colons romains, les seconds aux précaristes des *patrocinia vicorum* avec lesquels ils ont fini par se confondre en leur donnant leur caractère germanique. Observons toutefois que ces précaristes ne se sont jamais élevés jusqu'à la position des bénéficiaires proprement dits, leur droit est toujours resté frappé d'une redevance au profit du *senior*.

Quand on arrive à la fin de cette période on remarque un grand changement qui s'est peu à peu introduit dans toutes ces concessions; la territorialité et la réalité ont remplacé la personnalité des rapports entre concédants et concessionnaires, et le simple *jus in re aliena* s'est changé en un *dominium utile* dont les glossateurs ont voulu chercher l'origine dans le droit romain, tandis qu'il était dû à la transformation de ce droit sous l'influence de la féodalité naissante ; les cas de déchéance se fixent, et celle pour défaut de payement, grâce aux délais impartis, tend à être remplacée par une amende ; la successibilité et l'aliénabilité s'établissent l'une après l'autre.

Ces changements ne s'introduiront que bien plus tard, et jamais d'une manière aussi complète dans les concessions tout à fait infimes, les *mansoarii*, qui deviennent serfs de la glèbe, mais dont l'état est pourtant bien préférable à celui des esclaves et même des anciens colons.

De notre examen de cette période il résulte que l'emphytéose n'est pas l'origine de toutes ces institutions, mais qu'elle tend à s'en rapprocher sous l'influence féodale. Cette observation, nous aurons à la reproduire dans la période où nous entrons, celle du triomphe de la féodalité, bien que sans doute les règles romaines, en matière d'emphytéose, aient aidé à la transformation de ces concessions généralement précaires et personnelles en concessions perpétuelles et héréditaires, moyennant le payement de certains droits.

Il faut remarquer que si nous parlons de périodes différentes, soit en droit romain, soit en droit français, c'est seulement pour plus de clarté dans l'exposition ; mais, sauf les époques de Zénon et de Justinien, qui ont un caractère bien tranché, toutes les transformations successives, tant de l'emphytéose que des autres concessions dont nous avons et dont nous aurons à parler, se sont faites peu à peu et sans qu'il soit possible d'en indiquer le moment précis, quoique l'on ait voulu tirer une conclusion contraire d'un passage des *Libri Feudorum* Lombards.

DE L'EMPHYTÉOSE A L'ÉPOQUE FÉODALE.

Il faudra, quelque désireux que nous soyons de ne pas sortir de notre sujet, ici comme dans la période de transition que nous venons d'étudier, parler de plusieurs institutions féodales qui ont avec notre concession certaines analogies. Ces analogies et la confusion des termes au moyen âge ont fait que beaucoup d'auteurs ont cru à une assimilation complète ou presque complète.

Aussi voici l'ordre dans lequel nous comptons procéder : passer rapidement en revue ces institutions analogues en les comparant à l'emphytéose romaine; voir si celle-ci existe encore avec ses principaux caractères et indiquer les changements survenus.

Si l'on a pu, d'une part, révoquer en doute l'existence de l'emphytéose au moyen âge comme institution spéciale, et, d'autre part, affirmer que la plupart des concessions territoriales de la féodalité en découlaient, cela vient de la confusion complète des dénominations, confusion dont nous avons déjà parlé dans la période précédente, et qui n'a fait que s'accroître.

Nous pourrions multiplier les citations : Salvaing dit : « Quelque différence qu'il y ait entre le fief, l'emphytéose, la libellaire, le cens, l'usage les a confondus en

communiquant les propriétés des uns aux autres. » Du-
cange citant un vieil auteur : « *Emphyteusis secundum
diversas terrarum consuetudines diversis nominibus
nuncupatur. Dicitur enim, emphyteusis, precaria, libellarius, census, fictum.* » Dumoulin enfin : « *Verbum emphyteusis est æquivocum.* » On comprend dès lors les
controverses sur les deux points que nous avons men-
tionnés plus haut.

L'emphytéose dont il est question dans ces passages
n'est évidemment pas l'emphytéose romaine, car l'assimilation ne se comprendrait plus ; c'est une emphytéose
dégénérée. On ne saurait donc tirer de ces textes ni la
conclusion que l'emphytéose véritable existe à l'époque
féodale, ni celle que cette emphytéose a donné naissance
aux différentes concessions féodales qui ont, par corrup-
tion, souvent reçu son nom.

Cela est facile à démontrer.

Nous savons, en effet, que l'emphytéose romaine a
pour but de mettre en culture les terres en friche ; qu'elle
est un simple *jus in re aliena;* que le non-payement du
canon et l'aliénation par le concessionnaire sans prévenir le *dominus* entraîne la déchéance ; enfin, qu'il n'y a
pas soumission d'une personne à une autre. Or, dans
les concessions féodales que les textes ci-dessus nous
montrent confondues avec l'emphytéose, un véritable
dominium est transmis au concessionnaire; le non payement du canon, dans les cas où il est stipulé, ne donne
plus lieu qu'à une amende, l'aliénation est permise sans
prévenir le concédant moyennant le payement d'un certain droit; enfin, sauf le cas de bail à rente, il y a une
infériorité réelle chez le concessionnaire, car ce sont des

vassaux que cherche le seigneur plutôt que des cultivateurs.

Il faut donc reconnaître que, ni le fief qui dérive des
anciennes recommandations germaniques devenues les
bénéfices de l'époque franque, ni la censive venue aussi
d'une recommandation d'un degré inférieur et des précaires des *patronia vicorum*, ni le bail à rente foncière
qui constituait plutôt une aliénation véritable qu'une
concession avec retenue d'une partie du domaine, ne
proviennent de l'emphytéose romaine. Tout ce que l'on
peut dire, c'est que la connaissance des règles romaines
en matière d'emphytéose a aidé à la transition de toutes
ces concessions de la personnalité et de la précarité, à la
réalité et à la perpétuité, et cela grâce au payement d'un
droit de mutation analogue au cinquantième romain.

Mais il restera toujours un insurmontable obstacle à
une assimilation complète dans l'obligation pour le preneur de venir à chaque mutation demander un renouvellement de concession, ce qui n'était pas requis du
nouvel emphytéote en droit romain.

Faut-il reconnaître d'autre part que l'emphytéose, à
l'état d'institution spéciale et distincte, a complétement
disparu à cette époque, et admettre que, dans le droit
comme dans les mots, la confusion s'était faite? Non
sans doute, et plusieurs des textes déjà cités, qui pour-
raient être invoqués dans ce sens, prouveraient trop s'ils
prouvaient quelque chose, puisqu'ils mettent sur la
même ligne, non-seulement l'emphytéose et la censive,
mais la censive et le fief. Or, il est certain que jamais ces
deux genres de concessions n'ont été confondus, le con-

cessionnaire d'une censive tenant roturièrement, et celui d'un fief tenant noblement.

Cependant les auteurs, allemands pour la plupart, qui veulent que l'emphytéose ait cessé d'avoir une existence distincte, invoquent d'autres textes plus formels : ainsi Fonmaur, jurisconsulte méridional, et c'est dans le midi que le droit romain conservait le plus d'influence, dit dans son *Traité des lods et ventes*, « il n'y a point de véritables emphytéoses chez nous, mais seulement des baux à cens comme dans la France coutumière, » Despeisses (*Traité des droits seigneuriaux*), est du même avis, et Boutaric donne ces deux expressions comme synonymes ; enfin Dumoulin enseigne : « *De quo solo verbo (emphyteusis), non continuo liquet propter naturam ejus exoletam ;* » de toutes ces citations il résulterait, et c'était du reste l'opinion de ce dernier auteur, que l'emphytéose ne se distinguait des autres genres de concessions employées à cette époque que par de légères différences ne touchant en rien au fond du droit, et dont la principale aurait été la commise ou déchéance faute de payement du canon.

À ces textes nous pouvons en opposer d'autres tout aussi concluants, et dont l'opinion nous paraît plus rationnelle, car Salvaing lui-même admet qu'il y a des différences entre les diverses concessions dont il confond les noms, et, s'il est certain que les règles du bail à cens et du fief ne sont pas les mêmes, il est rationnel de supposer que celles de l'emphytéose sont également différentes.

Cette opinion, à son tour, se subdivise ; les uns, avec M. Troplong, décident que l'emphytéose romaine, avec ses traits caractéristiques et sa nature, existe encore aux temps féodaux lorsqu'elle est formellement stipulée; les autres, avec M. Pépin Le Halleur, ne semblent admettre l'existence que d'une emphytéose dégénérée, distincte sans doute des autres concessions féodales, mais pourtant participant à leur nature. Peut-être y aurait-il moyen de concilier ces deux opinions en disant, que, lorsque l'acte de constitution stipulera clairement la création de l'emphytéose romaine, ce seront les règles de celle-ci, sauf quelques légères différences, qui seront applicables, tandis que, en l'absence de stipulations de ce genre, il y aura lieu d'appliquer celles de l'emphytéose dégénérée sous l'influence du milieu social où elle était employée.

Voyons d'abord les arguments invoqués par M. Le Halleur. Ils démontrent fort nettement l'existence à cette époque d'une emphytéose qui a des caractères propres, sans être cependant l'emphytéose romaine.

Boutaric que nous avons vu tout à l'heure mettre sur la même ligne l'emphytéose et les concessions féodales fournit un texte à l'appui de la distinction proposée par M. Le Halleur. Ce texte le voici : « La différence entre l'emphytéose et le bail à cens (celle des concessions féodales qui se rapproche le plus de l'emphytéose), consiste principalement en ce que l'on ne peut bailler à cens qu'un fonds que l'on possède noble, tandis que, pour bailler un fonds à titre d'emphytéose, il suffit de le tenir en franc-alleu, et indépendamment de toute seigneurie directe. » L'annotateur de Boutaric ajoute : « L'essence et le fond de ces deux contrats sont absolument les mêmes, puisque l'un et l'autre sont également un contrat par lequel il n'y a que le domaine utile d'aliéné, tandis que la dominité directe reste au bailleur. La différence ne vient que des biens qui font le sujet de l'un et de l'autre; le bail à cens est le bail d'un fonds noble et féodal, et le bail emphytéotique celui d'un fonds tenu en roture. »

Ces derniers mots ne doivent pas être pris dans un sens littéral; il est certain que le propriétaire d'un franc-alleu noble pouvait bailler son bien à emphytéose, comme il pouvait le bailler à cens. En effet, étant complétement indépendant ainsi que sa terre, il était libre de la concéder comme bon lui semblait, tandis qu'il en était autrement du feudataire. Détenteur d'une terre soumise à la supériorité du suzerain, il ne pouvait en aliéner aucune partie sans retenue de la foi et de l'hommage, puisque c'eût été priver le suzerain d'une portion de ses droits en libérant un fief ou partie d'un fief de ses devoirs féodaux. Or, et c'est là ce qui distinguait véritablement l'emphytéose de la censive, la première, fidèle à son origine romaine, n'admettait pas chez le bailleur la retenue de la foi et de l'hommage, tandis que la censive l'exigeait.

Il faut donc entendre ainsi la différence indiquée par Boutaric : l'emphytéose ne peut s'appliquer qu'aux biens qui ne dépendent de personne, c'est-à-dire aux francs-alleux nobles ou roturiers, et une censive ne pourrait pas plus être concédée en emphytéose qu'un fief, et pour le même motif. L'emphytéose est donc une concession spéciale se distinguant des concessions féodales. Nous n'avons ici donné qu'un motif, mais nous nous réservons d'en signaler d'autres, lorsque nous traiterons de la nature de ce droit et des obligations qu'il entraîne. Si nous ne le faisons pas maintenant, et si nous n'avons pas plus haut indiqué longuement les différences qui séparent l'emphytéose des autres concessions qui s'en rapprochent, c'est afin de ne pas tomber dans des répétitions. Mais en avançant dans cette étude nous aurons soin, à chaque nouveau caractère de ce droit, d'indiquer sommairement s'il se rapproche ou s'écarte des autres concessions féodales.

Nous allons suivre, pour l'opinion de M. Troplong, le même procédé que pour celle de M. Le Halleur; nous nous contenterons d'indiquer son principal motif, renvoyant à l'étude de la nature et des caractères de l'emphytéose la comparaison plus approfondie des deux systèmes. M. Troplong est bien plus affirmatif que M. Pépin Le Halleur, quand il dit que, à l'époque dont nous nous occupons, l'emphytéose avait des caractères propres. Il décide, en effet, que l'emphytéose, lorsqu'il n'y a aucun doute possible sur l'intention des parties, et lorsqu'on écarte la confusion des termes qui se rencontre alors si fréquemment, n'est autre chose que l'emphytéose romaine. Il allègue à l'appui : que les textes qui parlent de l'emphytéote comme ayant le domaine utile sont le produit de la confusion entre l'emphytéose et la censive, que le seul moyen de connaître la nature de cette concession est de connaître l'étendue des droits du concessionnaire ; or de l'étude des auteurs il résulte que ces droits sont moins considérables que ceux des censitaires et autres *domini utiles* ; il en conclut, avec Cujas, que l'emphytéote, tant perpétuel que temporaire, a un simple quasi-domaine, qui n'est autre chose que le *jus in re aliena* du droit romain.

En résumé, il est certain qu'au moyen âge, l'emphytéose avait une existence propre.

Il nous reste, en examinant sa nature et ses caractères, à nous prononcer sur la controverse qui divise MM. Troplong et Le Halleur, car nous nous sommes contentés jusqu'à présent de prendre dans les deux systèmes les arguments qui prouvent l'existence de l'emphytéose admise à des degrés différents par ces deux auteurs, et n'avons indiqué que l'un des motifs allégués par chacun d'eux à l'appui de leur opinion sur l'étendue d'une semblable concession.

Quelle est sa nature?

C'est un *dominium utile*, dit M. Le Halleur; c'est un *jus in re aliena*, dit M. Troplong.

Il faut écarter de la discussion l'emphytéose temporaire; il n'y a qu'une seule opinion à son sujet, elle donne seulement un *jus in re aliena*, c'est l'emphytéose romaine temporaire.

Remarquons toutefois que Dumoulin est le seul auteur qui, dans l'ancien droit, ait distingué l'emphytéose temporaire de l'emphytéose perpétuelle, et que tous les autres auteurs les mettent sur la même ligne.

C'est aussi sur ce jurisconsulte que s'appuie principalement M. Le Halleur, pour décider que l'emphytéose perpétuelle transmet le *dominium utile*.

Dumoulin voit déjà cette distinction en droit romain; l'emphytéose, temporaire à l'origine et ne transmettant qu'un *jus in re aliena*, serait par la suite devenue perpétuelle, et aurait transmis un *dominium utile*; il explique ainsi les textes qui parlent de l'emphytéote, les uns comme *possessor*, et les autres comme *dominus*. Quand les textes se refusent à son explication, il les y plie.

Si le point de départ de Dumoulin est erroné, il faut reconnaître que l'état général de la propriété à l'époque où nous sommes placés, la division constante de celle-ci en domaine direct et en domaine utile, donne à son opinion, du moins en ce qui concerne l'emphytéose perpétuelle, quelque apparence de fondement.

Nous ne devons pourtant point exagérer l'influence que cet état du droit territorial a pu avoir sur les concessions qui provenaient d'un droit différent; car, même parmi celles qui provenaient de ce droit, il y en a plusieurs où cette division de la propriété est contestée, comme dans le fief, ou bien n'existe pas, comme dans le bail à rente foncière.

Ainsi les arguments que Dumoulin a cherchés, soit dans le droit romain, soit dans le droit féodal, lui font défaut; répétons que, seul des auteurs de ce temps, il fait cette distinction entre l'emphytéose temporaire et l'emphytéose perpétuelle.

Il n'est pas possible, en effet, de citer en ce sens un texte d'Hervé, ainsi conçu : « Le bail emphytéotique temporaire ne transfère pas la propriété pour le temps de sa durée, car il ne transfère que la propriété utile; or, on a beau subtiliser et distinguer entre la propriété directe et la propriété utile, cette dernière n'est que le droit de percevoir les fruits, et non une véritable propriété; il n'y a de véritable propriété que celle du fonds. »

Ce texte ne prouve qu'une chose, c'est qu'Hervé se sépare de l'opinion généralement admise de son temps

en matière de domaine utile, et, loin de fournir un argument à l'opinion de Dumoulin, lui serait plutôt défavorable, puisqu'il en résulterait que, aux yeux d'Hervé,
l'expression domaine utile, appliquée même à l'emphytéose perpétuelle, ne donnerait qu'un droit aux
fruits.

Dumoulin reste donc seul de son avis, et malgré sa
grande autorité, on peut se demander s'il doit prévaloir
contre tous les auteurs de ce temps, y compris Cujas.

Aussi décidons-nous que cette distinction, adoptée
par M. Le Halleur, ne doit pas être admise ; et puisque
ces auteurs reconnaissent avec Cujas et M. Troplong,
que l'emphytéose temporaire crée seulement un *jus in
re aliena*, et puisque nous venons de démontrer l'absence complète de distinction dans le droit féodal entre
cette concession et l'emphytéose perpétuelle, nous arrivons à la conclusion que cette dernière crée aussi un
simple *jus in re aliena*.

Dans cette opinion, comment expliquer les textes qui
continuellement parlent de l'emphytéose comme transmettant le domaine utile? L'explication est facile dans
certains cas, ainsi dans le texte d'Argou cité par
M. Le Halleur.

Le voici : « L'emphytéose, à la prendre dans son véritable
sens, est un contrat par lequel le propriétaire d'héritage
ou maison cède à un autre la propriété utile..... et celui-
ci payera une redevance au bailleur en reconnaissance de
la seigneurie directe. » Ce texte ne fait, on le voit, aucune distinction entre l'emphytéose temporaire et la
perpétuelle, il devrait donc s'appliquer à l'une comme à
l'autre, M. Le Halleur ne l'applique qu'à la dernière :

première objection. Deuxième objection : M. Le Halleur reconnaît que les expressions, « Seigneurie directe, » sont inexactes, sans doute parce qu'elles ne vont pas avec ses idées sur l'emphytéose, qui ne peut, selon lui, créer de rapports féodaux ; mais il argumente des mots « propriété utile, » parce qu'ils concordent avec son opinion sur le domaine utile qu'il accorde à l'emphytéose perpétuelle.

Pour nous, nous souvenant de la confusion des termes au moyen âge, et sachant combien souvent l'emphytéose a été prise pour le bail à cens, nous rendons à ce dernier tous les textes qui lui appartiennent, et qui ont été abusivement appliqués à l'emphytéose, entre autres, ce texte d'Argou, dont toutes les expressions sont exactes en parlant d'un bail à cens.

Nous invoquons en outre à l'appui de notre décision cette considération dont la justesse apparaîtra en étudiant les droits et obligations de l'emphytéote, c'est qu'ils sont moins étendus que ceux du preneur à cens. — M. le Halleur ne le nie pas; aussi, pour trouver une réponse à cette objection, il prend plaisir à l'exagérer. D'après lui, M. Troplong admettrait que le domaine utile donne à son titulaire le droit le plus complet d'user et d'abuser, et comme ce droit n'appartient pas à l'emphytéote, il en résulterait que celui-ci n'a pas le domaine utile : or, répond M. Le Halleur, comme il est de toute évidence que le domaine utile lui-même ne donne pas un semblable droit, est-il étonnant que l'emphytéote ne le possède pas.

Ce raisonnement ne saurait nous arrêter; il faut en effet prendre le mot « propriété, » employé par M. Troplong en parlant du vassal, dans un sens plus restreint que celui de propriété entière. — D'ailleurs, admettant même que M. Troplong ait donné à ce mot le sens absolu que lui prête M. Le Halleur, il aurait pour lui Dumoulin qui a été si souvent invoqué par son adversaire, que celui-ci aurait mauvaise grâce à repousser son autorité; voici le texte de Dumoulin : « *cæterum in idiotismo nostro dominus directus, etiam quem proprie et stricte, très-foncier vocamus, non dicitur proprietarius; sed vox proprietarii apud nos, pro ultimo domino duntaxat, sive pro possidente jure dominii etiam utilis, tantum usurpatur.* »

Du reste, soit que nous admettions avec Dumoulin que le domaine utile renferme la propriété complète, soit qu'avec Loysel nous refusions au propriétaire de ce domaine le droit d'abuser de manière à mettre en péril la redevance due au seigneur dominant, dans aucun cas l'objection que nous discutons ne saurait subsister.

En effet, si l'on adopte le sens donné par Dumoulin, il est de toute évidence que l'emphytéote n'ayant pas, de l'avis même de M. Le Halleur, le droit d'abuser à son gré de la concession, n'a point le domaine utile; en décider autrement, serait ranger sous le même nom les droits les moins semblables.

Que si l'on adopte l'interprétation de Loysel le résultat sera identique; le *dominus utilis* n'a pas dans cette opinion le droit d'abuser au delà d'un certain point, mais il peut aller jusqu'à cette limite qui, dans le cas de cens, sera fort étendue, car la redevance est minime, et il faudra une détérioration équivalant à la perte, pour que le concessionnaire, en mettant en péril le cens, dépasse son droit; tandis que l'emphytéote, M. Le Halleu le reconnaît lui-même, n'a pas le droit de détériorer le fonds, et cela, bien que fréquemment, surtout quand il y a eu des deniers d'entrée, la redevance emphytéotique soit purement recognitive. A cette prohibition de détériorer se rattachent une foule d'autres prohibitions que nous examinerons en leur lieu, et qui, ne s'appliquant pas au bail à cens, prouvent surabondamment que l'emphytéote a, non pas le domaine utile, mais un autre droit moins complet. Ce droit, il faut le qualifier de *jus in re aliena*, puisque l'emphytéose, venant du droit romain, a dû conserver ceux de ses caractères qu'elle n'a pas échangé pour des caractères féodaux.

Nous connaissons maintenant la nature de l'emphytéose véritable au moyen âge, et avons fait cesser la confusion entre cette concession et les autres concessions féodales, entre autres le bail à cens; étudions maintenant ses caractères.

Nous suivrons dans cet examen l'ordre que nous avons suivi dans l'examen analogue que nous avons fait en droit romain; nous verrons d'abord les droits et devoirs de l'emphytéote, puis comment l'emphytéose s'acquiert et se transmet, enfin comment elle s'éteint.

L'emphytéose, nous l'avons dit, est au moyen âge tantôt temporaire, tantôt perpétuelle; les différences dans les règles qui leur sont applicables sont minimes. M. Le Halleur lui-même, qui donne un simple *jus in re* dans le premier cas, tandis qu'il croit à un domaine utile dans le second, se tient dans les généralités quand il parle de différences entre elles; et, lorsqu'il étudie spécialement chacun des caractères de ces institutions, on voit qu'il ne reconnaît pas plus à l'une qu'à l'autre le droit au trésor , que pour les mines et minières, il se demande s'il ne faut pas accorder même à l'emphytéote temporaire le droit de les ouvrir, enfin que pour la déchéance au cas de détérioration, il la prononce dans les deux hypothèses, sauf à laisser un large pouvoir d'appréciation aux magistrats. La seule différence sur laquelle il soit un peu plus affirmatif est la faculté de délaissement qui appartiendrait au seul emphytéote perpétuel. Il en donne pour motif qu'il est presque impossible de comprendre une emphytéose temporaire sans des obligations personnelles pour le preneur. Il est facile de répondre que, admettant même l'existence fréquente de ces obligations, comme elles ne sont pas de son essence, et peuvent être aussi ajoutées à l'emphytéose perpétuelle, elles ne constituent pas une différence inhérente à la nature de la concession.

Il en résulte que nous pouvons étudier du même coup les règles de l'emphytéose tant temporaire que perpétuelle, sauf à indiquer en passant quelques controverses de détail.

Donnons d'abord la définition du contrat emphytéotique.

Il a pour but de concéder à perpétuité ou pour un long temps un terrain, à l'effet par le preneur d'en jouir moyennant une modique redevance annuelle, et de ne pouvoir en être privé par le concédant qu'au cas de non payement du canon.

Cette concession doit-elle porter uniquement sur des terres stériles? Déjà, à la fin de l'empire romain, elle était employée quelquefois pour des terres fertiles ; mais c'était assez rare, d'autant que cette sorte de terres l'était aussi à cette époque; mais dans les temps qui suivirent la chute de l'empire, et à l'époque féodale, elle fut fréquemment employée même pour les terres qui n'étaient pas incultes.

Quant au caractère des fonds sur lesquels elle pouvait être établie, nous avons vu qu'il fallait que la terre concédée fût franche, c'est-à-dire alleu ; peu importait d'ailleurs qu'elle fût noble ou roturière. Cependant une emphytéose ne pouvait être établie sur une autre emphytéose, car le concessionnaire qui aliénait aliénait complétement, puisqu'il ne pouvait retenir sur le fonds un droit de domaine, un *dominium*, qu'il n'avait pas.

Dans notre définition nous avons qualifié l'emphytéose de concession perpétuelle ou de longue durée, en faut-il conclure à l'existence d'un *minimum?* Cette opinion est généralement admise : on s'appuie sur la L. 3, Dig. *Si ager vectigalis* ; au-dessous de cette durée, ce ne serait plus qu'une simple location. Varron, Cujas et Hervé allaient plus loin, car ils admettaient que, lorsqu'une simple location dépassait cinq années, elle devenait un véritable bail emphytéotique temporaire.

Nous adoptons assez volontiers la première partie de l'opinion ci-dessus, mais nous rejetons complétement la seconde, surtout quand on cherche des motifs à l'appui dans le droit romain. Nous comprenons en effet que, au-dessous de cinq ans, l'emphytéose ne remplisse plus guère le but que l'on se proposait, surtout dans le principe, et que, dans ce cas, on considère l'expression employée comme inexacte, et applique les règles du simple louage ; mais nous ne comprenons pas que la location qui dépasse cinq années soit une emphytéose. Souvenons-nous combien, en droit romain, ces deux contrats différaient : l'un conduisait à un droit personnel, l'autre à un droit réel, et si, sous la féodalité, les baux de plus de neuf années ont été considérés comme donnant au preneur un droit réel, il n'en reste pas moins certain qu'en droit romain une semblable assimilation était impossible, et qu'il est inutile d'y chercher des arguments dans ce sens. La L. 1, § 3, Dig, *De superficiebus*, que l'on invoque s'explique facilement et de la manière suivante : les contrats de vente et de louage étant de bonne foi, il était naturel que le préteur tînt compte de l'intention des parties plutôt que des termes employés. C'est, du reste, ce qu'il aurait fait aussi, quand évidemment le mot louage était employé par erreur au lieu d'emphytéose ; mais de là à conclure que, dans tous les cas, si le bail dépasse cinq années, c'est une emphytéose, il y a loin. Même à l'époque féodale, nous nous prononçons contre l'assimilation, adoptant en cela l'opinion d'Accurse, citée par M. Troplong et reproduite par la Cour de Cassation, 23 niv. an VII et 23 juillet 1839. Il suffirait, pour justifier cette décision, de rappeler combien la signification des mots était incertaine à cette époque, et combien souvent le nom, d'emphytéose était donné à un simple louage, et *vice versa*.

L'emphytéote avait sur le fonds concédé un droit réel qui n'était, nous l'avons dit, ni la propriété, ni le domaine utile, mais une sorte de démembrement de la propriété. Il en résulte que ses droits n'étaient pas aussi étendus que ceux du propriétaire d'alleu, ni que ceux du *dominus utilis*, tout en l'étant plus que ceux d'un locataire, qui n'avait qu'un droit personnel.

Il ne pouvait détériorer le fonds même quand la redevance était purement recognitive, ce qui arrivait fréquemment dans le midi, où l'emphytéose était employée par les propriétaires d'alleux roturiers au lieu du bail à cens qui leur était interdit. Nous voyons par les déclarations d'août 1692 et janvier 1709 que ces propriétaires s'efforçaient, en qualifiant les emphytéoses de baux à cens, de parvenir à une position quasi-seigneuriale. La peine de la détérioration, surtout dans les premiers temps, était la déchéance; c'est ce qui est admis par MM. Duvergier, Troplong et même par M. Pépin Le Halleur, malgré l'absence de textes formels. Sous ce rapport, l'emphytéose diffère du fief, où toute détérioration était permise; de la censive et du bail à rente, où elle l'était également, tant que la redevance n'était pas mise en danger, et bien que les droits féodaux de mutation le fussent; mais elle ressemble au bail à bourdelage qui, si l'on en croit les art. 1, tit. 6, et art. 13, tit. 5, cout. du Nivernais, ne serait pas une nouvelle dénomination du bail à cens, comme le veut Argou, mais s'en distinguerait en ce que, comme l'emphytéose, il pourrait s'appliquer aux biens roturiers. Enfin, sous ce rapport, l'emphytéose ressemble aussi au bail à locatairie perpétuelle du parlement de Toulouse, qui n'est autre chose que l'emphytéose appliquée aux propriétés non allodiales. Dans le parlement de Provence, il n'était qu'un bail à rente foncière, et dans le reste du royaume un bail ordinaire qui, en conséquence, ne donnait aucun droit réel au preneur.

Comme il lui était interdit de détériorer, l'emphytéote ne pouvait créer les servitudes dont l'exercice aurait entraîné une détérioration matérielle du fonds, mais les autres il le pouvait. Cette décision est contraire à celle que nous avons donnée en droit romain; on peut dire en sa faveur que le moyen âge, tout à l'opposé du droit romain, poussait aux démembrements de la propriété.

Les servitudes constituées par un emphytéote temporaire périssaient avec sa concession; celles qui l'avaient été par un emphytéote perpétuel périssaient par la commise, résolution du droit du concessionnaire. C'est l'application du principe d'équité : « *Resoluto jure dantis resolvitur jus accipientis.* »

L'emphytéote peut constituer des hypothèques, solution tirée du droit romain; elles disparaissent comme les servitudes et pour les mêmes causes.

Il jouit comme possesseur de tous les fruits du fonds, et les acquiert par leur séparation du sol. Cette qualité lui donne-t-elle les actions possessoires et le droit de prescrire? C'est ce que nous verrons en étudiant les actions qui appartiennent à l'emphytéote et ses moyens d'acquérir.

Le trésor trouvé dans le fonds concédé lui appartient-il? La question est controversée; Voët le lui donne, ainsi que MM. Thibaut et Warnkœnig; nous nous rattacherions plutôt à l'opinion contraire, avec MM. Troplong et Le Halleur. En effet, chacun connaît la théorie des biens vacants, qui comprenaient tous les produits que le hasard faisait naître, et au nombre desquels était la treuve d'or : tous ils appartenaient au fisc seigneurial, plus tard au roi, lorsqu'il eut repris sa puissance. Quant aux trésors autres que la treuve d'or, ils appartenaient de droit commun, car cela varia beaucoup, pour un tiers à chacune des personnes suivantes : le seigneur justicier, le seigneur tréfoncier et l'inventeur. Or le seigneur tréfoncier n'était certes pas l'emphytéote, c'était donc le propriétaire. Tel est, du reste, le sens donné par Dumoulin à ces mots. Cette solution est juridique, car le trésor n'est pas un fruit du fonds ni même un produit.

Que dire des mines, minières et carrières? Si elles étaient ouvertes, l'emphytéote aura le droit de les exploiter, car ce sont alors de véritables fruits, grâce à l'extraction qui en a été commencée par le propriétaire; si elles ne l'étaient pas, M. Troplong admet encore que l'emphytéote aura le droit de les mettre en exploitation, par analogie avec l'usufruit. M. Le Halleur, au contraire, et son opinion est préférable, ne lui permettrait, dans le cas d'emphytéose temporaire, de les exploiter que pour son usage personnel. C'est là, paraît-il, la décision en matière d'usufruit dans le droit romain, décision qui a passé dans la jurisprudence du moyen âge, bien qu'Argou donne à l'usufruitier un droit plus étendu. Au cas d'emphytéose perpétuelle, M Le Halleur accorde à l'emphytéote le droit le plus complet d'ouvrir les carrières, minières, etc., parce qu'il lui reconnaît le domaine utile; mais, comme nous ne lui avons reconnu, ainsi qu'à l'emphytéote temporaire, qu'un *jus in re aliena*, il s'ensuit que le droit d'exploiter sera, dans l'un comme dans l'autre cas, restreint aux besoins personnels de l'emphytéote.

Nous introduirions pourtant assez volontiers une légère modification à cette règle. Il est admis en effet, ce qui le distingue du preneur ordinaire, que l'emphytéote peut changer la superficie du fonds, tant qu'il ne le détériore pas et n'en amoindrit pas la valeur; or il se pourra très-bien que l'ouverture d'une minière, etc., tout en changeant la superficie du fonds, loin d'en amoindrir la valeur, l'augmente au contraire. Nous donnerions en ce cas à l'emphytéote le droit le plus large d'exploitation, qu'il fût perpétuel ou temporaire; déjà en droit romain nous avons dit que sous certains rapports l'emphytéote devait être mieux traité que l'usufruitier; ainsi, qu'il n'était pas tenu de ne point changer la destination de la chose, pourvu qu'il ne la détériorât pas. Si certains textes accordent à l'emphytéote des droits plus étendus et lui permettent soit des coupes de haute futaie, soit des démolitions de maisons, sans intention de reconstruire, c'est que le mot emphytéose est improprement employé au lieu de bail à cens.

Quelles sont les obligations de l'emphytéote?

Il n'a pas le droit de détériorer, nous venons de le voir; doit-il améliorer?

Le but, l'origine de l'emphytéose privée a été le désir des grands propriétaires d'encourager la culture, en donnant aux tenanciers presque les avantages de la propriété, moyennant une très-modique redevance; ils cherchaient ainsi à remettre en valeur des terrains que les vexations des propriétaires précédents et du fisc avaient contraint les cultivateurs à abandonner. On conçoit dès lors qu'il y eût toujours pour le preneur en droit romain obligation d'améliorer, du moins dans le sens de rendre la terre productive. Mais quand ce contrat fut employé non-seulement pour les terres incultes, mais encore pour les terres fertiles, et il le fut au moyen âge, alors

la question ne put plus être résolue par le même motif;
aussi Loyseau (*Du déguerpissement*), suivant en cela
l'avis de Dumoulin, a-t-il décidé qu'à moins de convention formelle, l'emphytéote n'était plus tenu d'améliorer,
« *cessante causa, cessat effectus.* » Observons toutefois
que l'emphytéote est obligé d'entretenir la chose dans
l'acception la plus large du mot; en effet, ne pas entretenir serait au fond détériorer. Si pourtant au moment
de l'entrée en possession une maison était en ruines,
l'emphytéote n'aurait pas à la relever, cela rentrerait
dans les améliorations auxquelles il n'était pas tenu.
Quant au point juste où cesse l'entretien et commence
l'amélioration, c'est affaire de jurisprudence et question
de fait.

Si les améliorations ont été accomplies, iront-elles
sans indemnité au propriétaire quand l'emphytéose
prendra fin, et cela, qu'elle soit perpétuelle ou temporaire?

Dumoulin et Coquille faisaient la distinction que nous
avons admise en droit romain depuis Justinien : au cas
de commise, le propriétaire n'avait pas à indemniser
l'emphytéote, c'était sa faute s'il perdait la jouissance
des améliorations par lui faites; si, au contraire, l'emphytéose cessait par l'expiration du temps fixé à sa durée, l'emphytéote pouvait reprendre ses améliorations,
si mieux n'aimait le propriétaire en payer la plus-value.

Cette solution, donnée comme étant l'opinion commune, était rejetée par l'art. 15, tit. II, Coutume du Nivernais, qui, contrairement à la règle juridique autant
que raisonnable, que personne ne saurait avoir plus de
droits que son auteur, n'accordait qu'aux créanciers du

tenancier le droit de demander au propriétaire la plus-value causée par les améliorations de leur débiteur. Elle est contraire aussi à la jurisprudence constante du Parlement de Paris, dont beaucoup d'arrêts ne sauraient s'expliquer par ce motif que c'est frauduleusement que l'emphytéote a fait de grosses améliorations pour rendre impossible au propriétaire l'exercice de son droit.

Du reste, à l'égard de l'emphytéose perpétuelle, peu importe que l'on adopte l'opinion de Dumoulin ou la jurisprudence. Comme cette concession ne peut prendre fin que par la commise ou par l'abandon du tenancier, et que dans les deux cas c'est la faute de celui-ci s'il ne jouit pas des améliorations, l'opinion de Dumoulin suffit pour faire rejeter les prétentions de l'emphytéote. C'est au cas d'emphytéose temporaire que l'intérêt naît; elle peut en effet prendre fin sans la faute de l'emphytéote. Aussi Argou, tout en reconnaissant le bien fondé de la jurisprudence du Parlement, la trouvait « fort rude. » Pour nous, avec MM. Troplong et Le Halleur, nous préférons cette opinion à celle de Dumoulin : on ne peut guère comparer l'emphytéote temporaire à un possesseur de mauvaise foi; celui-ci en effet compte garder la chose, celui-là ne peut y compter.

Ajoutons qu'avec le système contraire, et même en y introduisant le tempérament que nous avons admis en droit romain pour le cas de constructions faites par l'emphytéote dans le but frauduleux de rendre impossible l'exercice de ses droits par le propriétaire, il arriverait fréquemment que celui-ci ne pourrait rentrer en possession de son fonds, parce que, d'une part, la fraude est très-difficile à prouver, et que, de l'autre, il n'aurait pas de quoi payer les améliorations.

Nous admettons dans le cas d'emphytéose temporaire comme dans l'emphytéose perpétuelle, que, quelle que soit la cause de son extinction, les améliorations reviendront au propriétaire sans indemnité ; le preneur n'était pas contraint de les faire ; s'il les a faites, c'est que, dans le temps de sa concession, il pensait que sa jouissance l'indemniserait suffisamment.

Pour ceux qui admettent la solution opposée il est évident, et cela malgré l'avis contraire de Dumoulin, que ce sera à l'emphytéote à prouver que les constructions existantes sont de son fait ; c'est l'application de la maxime ; « *Reus excipiendo fit actor*, » le propriétaire redemande le fonds, l'emphytéote objecte les constructions et demande la plus-value, c'est à lui à prouver qu'il en est l'auteur.

Si les améliorations faites par l'emphytéote ne sont que la représentation de détériorations dont il est l'auteur, il faudra décider, non-seulement qu'il n'aura aucune indemnité à réclamer, mais encore qu'il devra entretenir ces améliorations pendant le temps de sa concession ; s'il ne le faisait pas, le fonds perdrait de sa valeur par sa faute, ce qui lui est interdit.

Comme possesseur l'emphytéote doit payer les impôts, et est tenu de toutes les charges, servitudes, etc. qui grèvent le fonds. M. Troplong, adoptant l'opinion de Voët, admet pourtant une restriction d'équité à cette règle. C'est le cas où la redevance au lieu d'être purement récognitive approchait de la valeur réelle de la jouissance ; dans cette situation ces auteurs appliquent les règles du bail, et font supporter à peu près également les charges au concédant et au concessionnaire. Cela est équitable, mais est-ce juridique?

Nous en doutons en présence de la règle absolue et formelle du droit romain.

Il doit payer au propriétaire le canon emphytéotique, nous verrons plus tard si la déchéance le punit de l'inexécution de cette obligation. Ce canon, nous le savons, était modique en droit romain, car s'il avait été élevé, malgré les avantages de ce mode de concession, pas plus le fisc que les particuliers n'auraient trouvé d'acquéreurs. Oubliant ce fait, la plupart des auteurs du moyen âge, et à leur suite Dumoulin et Argou dont l'opinion a été adoptée par M. Troplong, ont donné pour motif de l'exiguïté ordinaire, soit du canon, soit des redevances dues dans les autres genres de concessions, les altérations des monnaies. Cette opinion, croyons-nous avec M. Le Halleur, est erronée, la modicité était déjà un des caractères du canon en droit romain, et ce n'est pas lors de l'invasion et de l'établissement de conquérants qu'il a pu y avoir tout à coup un nombre assez considérable de cultivateurs s'offrant à prendre des terres, pour que subitement le prix de la redevance montât. Quant aux concessions autres que l'emphytéose, il est connu que les seigneurs cherchaient moins des cultivateurs que des hommes; aussi le taux peu élevé d'une redevance, qui n'avait guère d'autre caractère que la reconnaissance d'une dominité supérieure, s'explique-t-il facilement.

Sous ce rapport, la censive et la locatairie perpétuelle du parlement de Toulouse se rapprochaient de l'emphytéose, tandis que le bail à rente foncière, le bail à bourdelage, le bail ordinaire s'en éloignaient; quant au fief il n'y avait point de redevance due par le vassal.

Le canon était quelquefois presque proportionné à la valeur de la jouissance, et à l'époque plus rapprochée de nous, quand les terres eurent repris de la valeur, si cette proportion n'existait pas, c'était que le preneur avait payé des deniers d'entrée.

Du reste, du moment qu'il était certain que c'était bien une emphytéose qui était l'objet de la concession, les mêmes règles devaient être appliquées, que la redevance fût élevée, ou qu'elle fût simplement recognitive de la propriété du concessionnaire.

Le canon devait-il être diminué au cas de perte partielle du fonds, ou bien d'années stériles? Tous les auteurs sont d'accord pour la négative, quand il est purement recognitif; puisqu'il n'était pas l'équivalent des produits, peu importait qu'ils diminuassent; tant que le fonds concédé existait, ne fût-ce que pour une parcelle, il y avait lieu de la part de l'emphytéote à reconnaître la propriété du concédant par le payement du canon. Mais M. Troplong, suivant en cela l'opinion de Dumoulin et de Voët, adopte par équité l'affirmative, quand la redevance est l'équivalant des fruits. Pour nous, quelque dure que puisse paraître la solution contraire, nous nous y rangeons avec MM. Duvergier et le Halleur, n'admettant pas l'argument que Dumoulin a tiré des lois romaines, puisqu'en droit romain nous nous sommes déjà prononcés, malgré l'opinion de Papinien, en faveur de la solution opposée aux intérêts de l'emphytéote. Nous ne reviendrons pas sur cette discussion; qu'il nous suffise de rappeler que l'emphytéote jouit d'un droit réel et que, puisqu'il en a les avantages, il doit en supporter les inconvénients. Cette solution était admise par les feudistes pour le cas de rente foncière, où la redevance représentait les produits. Elle n'était donc pas opposée aux idées féodales, et devait être donnée dans le cas d'emphytéose puisqu'elle l'était déjà dans le droit romain qui n'avait été sur ce point l'objet d'aucune modification formelle. La réciproque était également vraie, c'est-à-dire que, si le fonds augmentait de valeur par accessions ou autrement, le tenancier ne devait aucune augmentation de canon.

Si le fonds périssait en totalité l'obligation de payer le canon cessait, c'est la décision romaine, à moins que la perte n'eût été causée par la faute de l'emphytéote. On considérait l'emphytéote comme en faute, si, privé de sa jouissance par son usurpateur, il n'avait pas prévenu à temps le propriétaire pour empêcher la prescription; s'il ne l'avertit qu'après quelques années, il ne pourra demander que le canon soit réduit ou supprimé pour ces années là; il est en faute.

La coutume avait cependant apporté à la règle romaine un tempérament, c'était le droit de déguerpissement qui appartenait au preneur, s'il trouvait que la jouissance n'était plus l'équivalent des charges; mais il ne pouvait l'exercer que s'il ne s'était pas engagé à fournir et faire valoir. Ce droit, spécial à l'époque que nous étudions, et qui se retrouve dans toutes les concessions féodales, venait du caractère immobilier et réel qu'avaient prises les redevances, c'était le fonds et non le tenancier qui les devait; aussi, n'étant tenu que *propter rem*, l'abandon du fonds le libérait, du moins pour l'avenir. Ce caractère avait encore pour effet de permettre au propriétaire de créer des hypothèques sur la redevance emphytéotique.

Le preneur ne pouvait acquérir par la prescription sa libération de l'obligation de payer le canon; celui-ci en effet avait toujours, qu'il représentât ou non les fruits, un caractère recognitif, et les redevances recognitives étaient imprescriptibles; mais il pouvait prescrire la quotité du canon et les annuités échues. Nous n'avons pas admis la prescription de la quotité en droit romain, parce que l'obligation est successive, se renouvelle à chaque échéance; le motif d'en décider autrement ici est qu'elle a pris les caractères d'un droit réel immobilier, par suite susceptible d'une véritable prescription acquisitive, et non pas seulement d'une prescription libératoire. Quand donc, pendant le temps voulu, l'emphytéote a payé un canon moindre, il a acquis la partie de ce canon qu'il n'a point payée. La réciproque devrait être également admise; si, au lieu de payer moins, il avait payé plus, le propriétaire aurait acquis la propriété du surplus, et aurait le droit d'exiger que le tenancier continuât à lui servir le tout.

Passons aux moyens par lesquels l'emphytéote peut faire valoir son droit.

Il a contre le propriétaire une action personnelle, pour se faire mettre en possession du fonds, et une fois en possession, il a contre ce propriétaire qui voudrait le chasser, non-seulement une action personnelle, mais encore l'action possessoire et une action réelle. C'est ce que nous avons décidé en droit romain, et nous le maintenons par les mêmes raisons. Cette décision est celle de

Carondas, de Masuer, et, quant à l'action possessoire, de la Cour de Cassation, 26 juin 1822, même pour de simples baux de dix ans.

Ces actions lui appartiennent aussi contre les tiers. Ayant un droit réel, il est juste qu'il ait les actions nécessaires pour le défendre, et qui appartenaient au moyen âge, même à l'usufruitier, comme le dit Bourjon en parlant de la complainte. En droit romain, l'usufruitier n'avait que des interdits quasi-possessoires, tandis que l'emphytéote avait les vrais interdits possessoires.

Le propriétaire a contre lui et ses successeurs universels, ou à titre universel, une action personnelle basée sur le contrat, mais qui n'existe que tant qu'ils n'ont pas délaissé; il a aussi contre eux et contre tous possesseurs une action réelle vu le caractère de réalité de la redevance.

Il aurait aussi une action possessoire contre l'emphytéote qui ne payerait pas, ou le tiers qui se serait fait payer à tort la redevance, et contre lequel il pourrait employer également l'action réelle.

L'emphytéote peut-il actionner le propriétaire en garantie pour cause d'éviction? La question est controversée, et cela surtout parce que le tenancier avait la ressource du déguerpissement. Nous croyons assez volontiers, avec la majorité des auteurs, que le propriétaire doit garantie à l'emphytéote. Nous donnerions cette décision en droit romain, car, si le canon n'était pas l'exacte reproduction de la jouissance, du moins il n'avait pour cause que cette jouissance; et nous la maintenons en droit coutumier par le même motif, et de plus, parce que la redevance étant recognitive, il ne peut y avoir lieu à reconnaître le droit du propriétaire que si ce droit existe.

De ces considérations il ressort suffisamment que, si nous admettons la garantie, ce n'est qu'en cas d'éviction totale (à moins que la concession n'ait été faite à tant par arpent); tant en effet qu'il reste une parcelle du fonds, il y a lieu pour le preneur de reconnaître la propriété du concédant, sauf à déguerpir si le fonds ne paye pas les charges.

Nous n'admettons pas davantage, d'accord en cela avec Dumoulin, la rescision pour cause de lésion énorme qui n'était admise qu'au cas de vente, car nous avons rejeté l'opinion qui, dans l'emphytéose perpétuelle, voit la vente du domaine utile, surtout quand il y a eu des deniers d'entrée.

Voyons maintenant comment s'établissait notre concession. Le mode le plus ordinaire était le contrat, mais il ne donnait au preneur qu'un droit personnel. Était-il nécessaire qu'il fût rédigé par écrit? Nous avons adopté en droit romain la négative, et donnons en droit coutumier la même solution avec Dumoulin. Nous avons en effet déjà dit que, lorsqu'il n'y aurait pas dérogation expresse, c'étaient les règles du droit romain qu'il fallait appliquer à l'emphytéose du moyen âge.

Dans le contrat pouvaient être introduites des clauses diverses étendant ou restreignant les droits du tenancier; mais les règles que nous avons données et que nous donnerons par la suite s'appliquent à l'emphytéose normale.

Le contrat n'établissant pas le droit réel, pour le constituer il fallait la mise en possession, c'est-à-dire la tra-

dition du fonds au tenancier; la convention des parties
ne suffisait pas alors, comme elle le fait aujourd'hui,
pour créer un droit réel. Ce point n'avait pourtant pas
laissé que de faire quelque difficulté, et la jurisprudence
des Parlements hésita avant de l'admettre.

Les auteurs sont d'accord à cause de la nature spéciale
et importante du droit emphytéotique, pour ne pas admettre la tacite reconduction dans le cas d'emphytéose
temporaire.

Si le tenancier a continué à jouir, quels principes
régleront sa jouissance? Cette question est ainsi résolue
par M. Le Halleur : si l'emphytéote a cherché à cacher
que sa concession était arrivée à son terme, en un mot
s'il a agi frauduleusement, il sera traité comme un possesseur de mauvaise foi, il devra donc compte de tous
les fruits; s'il n'a pas agi frauduleusement, et qu'il y ait
oubli ou laisser-aller chez le propriétaire, ce seront les
principes du bail qu'il faudra appliquer. Quant à la quotité du loyer, nous pensons qu'elle sera, en l'absence
d'autre convention, celle du canon emphytéotique; c'est
en effet ici le propriétaire qui est en faute, et, si la redevance est minime, il n'a qu'à s'en prendre à son incurie;
pourquoi ne congédiait-il pas l'emphytéote, ou ne lui
louait-il pas formellement le fonds?

Le testament était, de même que la tradition, un moyen
de créer le bail emphytéotique comme droit réel, mais on
ne trouve, pas plus ici qu'en droit romain, de preuves
de son emploi.

L'emphytéose peut-elle être établie par prescription?

Plusieurs hypothèses peuvent se concevoir; et d'abord
y a-t-il lieu de distinguer entre l'emphytéose perpétuelle

et l'emphytéose temporaire ? M. Le Halleur se prononce pour l'affirmative, et en cela il ne fait que tirer les conséquences des principes par lui précédemment posés; M. Troplong, au contraire, qui donne à l'emphytéote dans les deux cas un simple *jus in re aliena*, adopte la même solution dans les deux hypothèses. Nous verrons tout à l'heure les motifs allégués à l'appui de chacune de ces solutions.

Quatre espèces différentes peuvent donner lieu à la question de prescription :

1° Une personne a acquis *a non domino* une emphytéose avec titre et bonne foi;

2° Un autre que le véritable emphytéote a aliéné l'emphytéose;

3° Une personne a possédé le fonds à titre emphytéotique sans titre ni actes recognitifs pendant trente années;

4° Le propriétaire du fonds a payé à un autre comme au vrai propriétaire le canon emphytéotique.

Le *secundo* rentre dans le *primo*, car dans l'un et l'autre cas l'emphytéote possède un titre venant à l'appui de sa possession; le *quarto* rentre, soit dans le *primo*, soit dans le *tertio*, selon qu'il y a titre ou actes recognitifs accompagnés d'une possession trentenaire équivalant au titre, ou qu'il n'y en a pas eu. Nous n'avons donc, à proprement parler, à nous occuper que de deux hypothèses distinctes, l'une au cas de possession accompagnée de titre, ou de faits qui, selon la jurisprudence, équivalent au titre; l'autre au cas de possession sans titre ni faits équivalents.

Remarquons qu'au moyen âge toutes les prescriptions,

même la trentenaire, supposent la bonne foi ; seulement cette dernière prescription vient au secours de celui qui n'a pas de titre ou qui l'a perdu.

Nous avons, dans tous les cas en droit romain, prononcé l'impossibilité de la prescription pour deux motifs : le premier, que la prescription ne pouvait faire naître une obligation, celle de payer le canon ; le second, que la prescription, pas plus que l'usucapion, ne faisait acquérir aucun droit réel autre que la propriété. Nous avons cependant accordé la Publicienne à l'emphytéote, parce que nous avons constaté qu'elle appartenait à des personnes qui ne pouvaient prescrire, ainsi à l'usufruitier. Enfin, nous avons reconnu que, grâce à l'extinction des actions par la prescription trentenaire, l'emphytéote pouvait être, tant qu'il possédait, à l'abri de toute atteinte de la part, soit du véritable propriétaire, soit du véritable emphytéote.

Aucune de ces considérations n'est valable en droit coutumier.

En effet, sans doute la prescription ne peut créer les obligations, mais si l'on se souvient que les redevances ont toutes pris un caractère de réalité, grâce à la faculté de délaissement qui appartenait au possesseur, on comprendra la prescription acquisitive de la redevance tout comme la prescription acquisitive du droit réel d'emphytéose. Si celui, qui a payé le canon pendant le temps voulu pour que celui qui l'a reçu y ait acquis un droit, ne veut plus le payer, il délaissera et s'exonérera pour l'avenir de toutes les charges, suites de sa possession.

Sous ce premier point de vue donc, l'emphytéose coulumière, à l'opposé de l'emphytéose romaine, doit admettre la prescription, c'est aussi l'avis de M. Troplong. Mais M. Pépin Le Halleur qui, tout en accordant à l'emphytéote temporaire un droit réel, veut pourtant qu'il soit tenu personnellement, ne peut reconnaître la prescription comme moyen de créer une concession de ce genre, la prescription ne pouvant faire naître des obligations.

Toutefois il arrive à permettre la prescription, lorsque la possession est soutenue d'un titre ou d'actes équivalents ; dans ce cas, le titre a fait naître l'obligation, il ne reste plus que le droit réel à créer, et la prescription se peut charger de ce soin.

En effet, et c'est là une seconde différence entre le droit romain et le droit coutumier, il est certain que dans ce dernier d'autres droits réels que celui de propriété pouvaient être acquis par prescription, ainsi la rente foncière (Coutume de Paris, art. 113 à 118), et le droit d'usufruit.

Dans le système de M. Le Halleur on se peut demander comment, quand l'emphytéote n'a pas traité avec le véritable propriétaire, ce qui se présentera dans le *primo*, il pourra invoquer le titre contre ce dernier pour parvenir à la prescription? Nous nous plaçons dans le cas où celui qui a concédé l'emphytéose était de mauvaise foi, car, s'il était de bonne foi, il aurait acquis la propriété, tandis que l'emphytéote prescrivait l'emphytéose, et l'ancien propriétaire n'aurait plus aucun droit sur le fonds. A la question que nous avons posée, deux réponses peuvent être faites :

1° Que le propriétaire apparent a agi comme *negotio-*

rum gestor du vrai propriétaire qui doit respecter ses actes.

2° Que le titre ne crée aucune obligation contre le propriétaire, puisqu'il n'est tenu que de laisser jouir, le droit de l'emphytéote étant réel ; qu'il n'est donc point exact de dire que ce dernier l'invoque contre lui. L'emphytéote invoque le titre seulement pour prouver que lui-même est obligé et qu'il ne reste plus à créer que le droit réel, ce qui est possible par prescription.

Ainsi le système de M. Troplong et celui de M. Le Halleur arrivent, quand il y a un titre constitutif de l'emphytéose, au même résultat; il en est autrement au cas d'absence de titre. Il ne s'agit toujours, remarquons le, que de l'emphytéose temporaire; pour la perpétuelle, il n'y a point de difficulté, M. Le Halleur admettant, ainsi que M. Troplong, qu'elle est prescriptible parce qu'elle ne donne pas naissance à des obligations personnelles.

Mais comment peut-on se demander si une emphytéose temporaire peut être créée sans titre par prescription trentenaire? Il semble que, dans ce cas, l'emphytéose sera toujours perpétuelle. C'est ce qui arrivera fréquemment, seulement il y avait des fonds qui n'étaient pas susceptibles d'emphytéose perpétuelle, et l'emphytéose était alors, selon Brodeau, de 99 ans.

Cela posé, nous comprendrons facilement que, en l'absence de titre créant l'obligation de l'emphytéote, l'emphytéose temporaire ne puisse, selon M. Le Halleur, être susceptible d'acquisition par prescription, même trentenaire; il y a une obligation à créer, et la prescription est impuissante à le faire.

En outre, et c'est là le troisième changement apporté

au droit romain, M. Le Halleur refuse dans ce cas à l'emphytéote, tant qu'il est en possession, le droit de repousser le propriétaire en lui opposant qu'il ne peut plus exercer son action, qu'elle est prescrite. Notre ancien droit évidemment n'a pas connu cette situation dans laquelle un propriétaire ne peut revendiquer contre quelqu'un, qui est en possession, mais ne peut pas prescrire. Ce qui le prouve, c'est le soin qu'il prend d'indiquer comment le titre peut être remplacé, et à quelle condition ; cela aurait été inutile, si le possesseur avait pu se contenter de répondre : votre action est prescrite.

Tel est le système de M. Le Halleur. Mais puisque nous avons admis avec M. Troplong, que l'emphytéose temporaire comme la perpétuelle se concevait sans obligations personnelles de l'emphytéote, que d'autre part la redevance était un droit réel, enfin qu'au moyen âge les droits réels autres que la propriété étaient susceptibles de prescription, nous déciderons que ce mode de constitution est applicable à notre concession, quelle qu'en soit la durée.

Cependant, en fait, il faudra pour la prescription trentenaire se bien assurer que la jouissance a été à titre emphytéotique, autrement on ferait, avec de simples preneurs à bail ordinaire, des emphytéotes perpétuels ou temporaires selon les cas. Ce danger n'existera pas pour la prescription de 10 ou 20 ans, puisqu'elle suppose un titre.

Nous savons que la prescription contre un titre ou l'interversion de titre n'est pas possible, aussi celui qui possède comme simple preneur ne pourra prescrire le droit emphytéotique.

Nous avons vu que l'emphytéote ne pouvait acquérir par prescription sa libération du payement du canon ; de même le vassal ne peut prescrire les profits féodaux, et le censier prescrire le cens ; ainsi sous ce rapport l'emphytéose se rapproche du fief et du bail à cens.

Il ne faut pas croire que cette impossibilité est fondée sur la règle qui défend l'interversion de titre, les coutumes considéraient cette acquisition comme un simple débordement du titre ; cela ressort des art. 113 à 118, Cout. de Paris, qui permettent au débiteur d'une rente foncière d'acquérir par prescription sa libération. Le véritable motif de la prohibition qui nous occupe est que ces divers droits avaient un caractère recognitif, tandis que dans la rente foncière la redevance ne l'avait pas. Ce que nous venons de dire de l'emphytéose est vrai aussi du bail à bourdelage et du bail à locatairie perpétuelle du parlement de Toulouse.

En second lieu, en examinant les modes de création de l'emphytéose, nous venons de voir qu'elle pouvait être créée par prescription, tant au point de vue des droits, que des obligations du tenancier ; c'est la même solution qu'il faut donner en matière de fief servant, de bail à cens, de bail à rente, de bail à bourdelage, et de bail à locatairie perpétuelle dans le parlement de Toulouse.

Du reste cette matière de la prescription semble n'avoir eu, du moins comme mode de création de l'emphytéose, que fort peu d'importance pratique, à voir le peu d'auteurs qui la traitent.

Nous avons parcouru tous les modes de création du

droit emphytéotique au moyen âge, passons aux modes de transmission.

Le premier est le contrat.

L'emphytéote peut-il aliéner son droit sans demander le consentement du propriétaire ? Le droit romain résolvait la question négativement, même après Justinien. A l'époque que nous étudions la solution est controversée, et les décisions les plus contradictoires données par le même auteur. Dumoulin, en effet, dans un passage où il assimile l'emphytéose aux fiefs et baux à cens, décide que l'emphytéote peut aliéner *irrequisito domino*. « *Ut enim feuda vassalis, ita censualia censuariis sunt patrimonialia; dominis irrequisitis libere alienabilia toto regno; idem etiam de vera emphyteusi ex consuetudine generali,* » et dans deux autres passages il lui refuse cette faculté : ainsi parlant de la loi dernière (Code de Just., *De jure emphyteutico*), qui exige que le consentement du propriétaire soit demandé, il dit : « *Commissum de quo in hac lege non habet locum nisi in vera emphyteusi, et in re quam constat clare ad onus et conditionem emphyteuticam concessam,* » et dans la rubrique du § 73, Glose 2, n° 1, il dit : « *Etiam hodie non licet vero emphyteutæ, nisi sit fisci, domino irrequisito alienare.* » Argou s'est prononcé dans le même sens, et Merlin a adopté cette opinion.

Comment concilier des textes aussi opposés? M. Troplong, qui croit que sous ce rapport il y a eu assimilation entre l'emphytéose et les fiefs et baux à cens, suppose que Dumoulin, dans le second passage cité, a voulu interpréter la loi de Justinien en se plaçant au point de vue romain ; mais cette explication ne pourrait s'appliquer au troisième passage qui dit : « *Etiam hodie...* »

M. Le Halleur, au contraire, croit qu'ici l'emphytéose a conservé son caractère propre. Il est d'autant plus disposé à l'admettre que c'est la solution que Dumoulin donne deux fois, qu'elle est adoptée par plusieurs autres auteurs du moyen âge, et que sans doute, dans le premier passage cité, Dumoulin, qui ne s'occupait qu'incidemment de l'emphytéose en étudiant la censive, a pu oublier, sous l'influence des idées coutumières, la règle spéciale à cette concession.

Nous adoptons plus volontiers cette dernière opinion ; mais nous comprenons peu qu'elle soit proposée par M. Le Halleur, qui a admis un changement complet dans la nature de l'emphytéose au moyen âge, et rejetée par M. Troplong, qui, au contraire, lui a conservé sa nature romaine.

Nous devons ajouter que certainement les coutumes locales ont eu des influences diverses sur ce caractère de l'emphytéose, et que sans doute au Midi elle resta plus romaine, tandis qu'au Nord elle devint plus coutumière. C'est ce que tendrait à prouver ce fait que le Code Hollandais a écarté la commise dans ce cas, tandis que le Code Napolitain l'a admise.

Tout en décidant que l'emphytéote devait, comme en droit romain, demander le consentement du propriétaire, sous peine de commise, nous croyons qu'en fait, et grâce à la jurisprudence, la commise dans ce cas était rarement appliquée.

Le bail à bourdelage avait, dans l'origine, une grande analogie avec l'emphytéose sous le rapport du droit d'aliéner ; et, à une époque plus rapprochée de nous, la

coutume du Bourbonnais, citée par Coquille, exigeait
encore que le preneur fît une réquisition au propriétaire
avant de consommer l'aliénation; mais, de droit commun, la vente simple pouvait être faite sans son consentement; quant aux autres modes d'aliénation (bail à
rente foncière, à rente rachetable, etc.), le consentement
du *dominus* était indispensable.

Il en était de même dans le bail à locatairie perpétuelle du Parlement de Toulouse, cette concession avait
en effet un caractère éminemment précaire et servait
d'emphytéose pour les fonds soumis à une directe.

Dans le bail à rente, comme le bailleur n'avait retenu
aucun domaine de supériorité, le preneur pouvait aliéner sans aucune formalité. (Nous ferons remarquer que,
lorsque nous parlons du bail à rente, c'est du bail à rente
foncière qu'il s'agit et non du bail à rente seigneuriale,
ce dernier renfermant un bail à cens, et en suivant presque toutes les règles, sauf celle de la divisibilité de la
redevance).

Ayant admis qu'en fait la commise pour aliénation accomplie sans offrir la préférence au propriétaire était fort
rare grâce à la urisprudence, nous devons décider également que la faculté de prendre pour lui le marché, qui,
dans le principe, appartenait au propriétaire, et qui était
le principal motif de l'avertissement que le preneur devait lui donner, a été exercée de plus en plus rarement.
Elle n'a pas été remplacée par celle de prendre pour lui
l'aliénation accomplie, car la faculté de retrait féodal,
restreinte d'ailleurs aux aliénations par vente ou contrats
équipollents, était réservée, de droit commun, aux seuls
fiefs, et ne pouvait, dans les baux à cens ou à bourde-

lage, être employée que dans certains cas spéciaux.

Quant au droit du cinquantième au profit du propriétaire qui ne prenait pas le marché pour lui, il s'est sans doute confondu avec les droits féodaux qui se sont peu à peu introduits dans l'usage sous le nom de quint, relief, lods et ventes.

Devait-il être perçu dans tous les cas d'aliénation? Il est certain qu'il devait l'être au cas de vente ou de contrats équipollents, et nous croyons qu'en règle générale il devait l'être aussi au cas de donation; c'était ce qui était décidé en matière de fiefs, et, par la coutume du Nivernais, en matière de censive; c'était enfin la décision du droit romain, et elle était logique, puisque cette somme était le prix du consentement à l'aliénation. Si l'emphytéote dissimulait une partie du prix pour diminuer les droits seigneuriaux, les Parlements appliquaient la commise pour aliénation sans les formes requises, qu'ils avaient restreinte à ce cas.

L'aliénation de l'emphytéose pour partie est-elle possible?

Nous sommes disposés à admettre la négative comme en droit romain, et, par suite, à refuser à l'emphytéote le droit de constituer une rente foncière sur son emphytéose, car la rente foncière était considérée comme un démembrement matériel du fonds. Ce droit était refusé au preneur à bourdelage, et le principe opposé, admis dans les baux à cens et les fiefs, ne nous arrête pas, parce que, dans ces deux derniers, le droit de détériorer appartenait au tenancier, tandis qu'il était refusé à l'emphytéote; or l'aliénation partielle constituera toujours une détérioration pour le *dominus* et sera punie comme telle. Cette décision doit être étendue au cas de locataire perpétuelle, à moins que le bailleur n'ait consenti à l'aliénation.

Il est évident que, lorsque le *dominus* avait le droit d'exercer la préemption, il ne pouvait concurremment percevoir un droit sur l'aliénation ; cette solution a été donnée par nous en droit romain. Dumoulin l'adopte en s'occupant du retrait féodal sur la coutume de Paris, article 20 ; elle est trop équitable pour être contestée.

Qui payera les droits de mutation, et sur quelle base seront-ils fixés ?

Nous avons dit en droit romain que c'était le vendeur qui était tenu de payer le cinquantième au propriétaire, puisque c'était le prix du consentement qui lui était donné , mais que le propriétaire pouvait s'adresser à l'acheteur comme détenteur. La solution était la même en matière de fiefs sous l'ancienne rédaction de l'art. 23, coutume de Paris, mais depuis la rédaction nouvelle, il semble que l'acheteur soit seul tenu ; seulement il retenait le quint denier sur le prix qu'il devait payer à son vendeur, de sorte que c'était ce dernier qui, en définitive, devait toujours supporter le payement de ce droit. Comme, selon nous, l'emphytéose a, au point de vue des obligations du tenancier, pris le caractère réel des concessions féodales, et que, par suite, en cessant de posséder, on cesse d'être tenu des charges de la concession, nous devons admettre que le changement qui s'est introduit pour les fiefs s'est introduit aussi pour l'emphytéose, que c'est donc à l'acheteur que le *dominus* doit s'adresser.

Si l'acheteur ne paye pas ces droits, y aura-t-il commise comme en droit romain ? Nous pensons qu'ici,

comme pour la commise faute d'offrir le marché au propriétaire, les autres concessions féodales avaient eu de
l'influence sur l'emphytéose, et, qu'à moins de fraude,
la jurisprudence accordait des délais au nouveau tenancier. Du reste, cette obligation de payer les droits de
mutation est la seule que l'aliénation fasse naître contre
le nouvel emphytéote; il n'a pas à porter la foi, ni à
bailler de dénombrement, comme dans le fief et dans le
bail à cens; bien entendu qu'il était soumis à toutes les
obligations causées par sa jouissance, comme l'emphytéote précédent.

La base du droit de mutation était le prix ou l'estimation, et le *dominus*, non plus ici qu'en droit romain,
n'avait le droit de requérir une expertise, même après
que l'usage eût rendu impossible l'exercice du droit de
retenue ou de préemption. Seulement, la jurisprudence
avait maintenu la commise, s'il y avait eu dissimulation
d'une partie du prix ou de la valeur.

Quant à la quotité, en l'absence de texte spécial sur
cette matière, il est probable que ce droit de mutation
se confondit avec les autres profits féodaux. Nous décide-
rions cependant qu'il est dû, comme en droit romain,
par l'emphytéote qui fait donation de son droit. Telle
était la règle au cas de fief; mais la règle contraire était
adoptée dans le bail à cens; et c'est à cause même de
cette diversité dans les règles coutumières que nous con-
servons à l'emphytéose son caractère romain.

Après l'aliénation par contrat à titre onéreux vient,
comme deuxième mode de transmission, la donation;
elle était possible, quoique fort rare, et soumise aux
mêmes règles que l'aliénation à titre onéreux. Peut-être,

cependant, que la quotité du droit de mutation n'était pas la même, par analogie avec le fief.

La donation accompagnée de la clause de constitution de précaire transmettait le droit réel; en l'absence de cette clause, qui était une tradition de droit, elle ne créait, dans l'ancien droit comme en droit romain, qu'une obligation, et la tradition de fait était nécessaire, ainsi qu'au cas d'aliénation à titre onéreux, pour transmettre le droit réel.

Le troisième mode de transmission, le testament, s'appliquait aussi à l'enphytéose, mais était également d'un emploi fort rare. Nous reproduirons ici ce que nous avons dit en droit romain: les règles posées par Justinien en matière d'aliénation doivent être restreintes aux aliénations entre vifs, ainsi, le consentement du *dominus*, les droits de mutation, etc., ne sont pas exigés. Aux motifs en ce sens donnés dans ce droit, on peut ajouter que les coutumes avaient peu à peu relâché les liens qui unissaient les tenanciers à divers titres aux seigneurs, ne les obligeant plus aux formalités du dévesto et de l'investo, du dessaisinement et de l'ensaisinement supprimant la faculté de retenue, ou la changeant en retrait, restreignant enfin les cas de commise. Le testament transmettait le droit réel indépendamment de toute tradition.

Enfin le dernier mode de transmission, la succession, était possible en cette matière, et cela aussi bien pour l'emphytéose perpétuelle, que pour la temporaire, quand celle-ci était faite à plusieurs générations, ou pour une certaine durée qui n'était point encore écoulée. La succession emphytéotique transférait le droit réel par l'effet de la saisine, et n'entraînait pas de droits de mutation. Ces derniers étaient dus au cas de fief et de bail à cens, d'après la coutume du Nivernais, ce qui, sans doute, était un reste du droit primitif. Cette différence s'explique facilement ; la concession emphytéotique était faite à perpétuité, les concessions féodales étaient toutes personnelles, et ce n'est que par abus qu'elles sont devenues héréditaires. Du reste, dan sle dernier état du droit, le relief n'était pas dû, même au cas de fief, quand les héritiers étaient des descendants.

Nous avons vu qu'en droit romain le fonds emphytéotique ne devait pas être divisé en nature entre les héritiers, parce que cela aurait impliqué détérioration ; il semblerait que, dans le droit coutumier, l'indivisibilité du fonds s'était reportée sur la redevance, en ce sens que, du moment qu'une partie de celle-ci n'était pas payée, le propriétaire pouvait demander la commise pour le tout. Mais, sauf cette pénalité, chaque héritier pouvait avoir une part en nature, et n'être tenu que d'une part de la redevance.

Nous voici arrivés, après l'examen successif de la nature, des caractères de l'emphytéose, des droits et obligations de l'emphytéote, des modes de création et de transmission de ce droit, à ses causes d'extinction.

Nous suivrons l'ordre adopté en droit romain.

1° Le terme, quand l'emphytéose est temporaire, ce qui se présentera plus fréquemment qu'en droit romain. En l'absence de disposition formelle dans l'acte de concession, la présomption devait-elle être en faveur de la perpétuité, ou non ? Guyot se prononce pour la première, et Brodeau pour la seconde opinion, en fixant la durée de l'emphytéose en ce cas à quatre-vingt-dix-neuf ans, terme de droit commun dans les concessions temporaires dont la durée n'avait pas été formellement indiquée. M. Le Halleur explique cette contradiction par la différence des localités; dans le midi, l'influence du droit romain faisait de la perpétuité le droit commun; dans le nord, le caractère personnel des concessions introduites par les coutumes s'étendit à l'emphytéose, et limita sa durée.

2° Par la perte totale de la chose, à moins d'une clause « de fournir et faire valoir, » ainsi de l'édifice quand l'emphytéose était assise sur une maison. Il pourra y avoir des difficultés de fait pour savoir si la maison seule, ou si le sol aussi était compris dans la concession.

3° Par la confusion, par succession, donation ou contrat, du droit de l'emphytéote et de celui du propriétaire.

4° Par la mort de l'emphytéote, sans qu'il laisse de successeurs légitimes ou testamentaires. Dans les fiefs, en l'absence de descendants ou collatéraux, le fief faisait retour au seigneur.

5° Par la prescription de dix, vingt ou trente ans, selon les cas, de la propriété complète au profit d'un tiers.

6° Par la prescription de la propriété entière au profit de l'emphytéote. Cette décision est contraire à celle que nous avons adoptée en droit romain; en voici le motif: Dans ce droit nous avons, tout en donnant à l'emphytéote la qualité de *possessor*, reconnu qu'il détenait au nom du propriétaire, et ne pouvait prescrire, puisqu'il aurait interverti son titre. Dans le droit coutumier au contraire, malgré le caractère évidemment précaire, à l'origine, de toutes les concessions, on était arrivé à considérer les tenanciers comme possesseurs et propriétaires de la portion du domaine qui leur avait été concédé; quant à celle qui restait au concédant, ils n'en étaient, ni détenteurs ni possesseurs à aucun titre; cette doctrine fut étendue à l'emphytéose. Si donc l'emphytéote arrivait à posséder le droit du concédant, il débordait son titre, mais ne l'intervertissait pas, et possédant en son nom propre, au lieu de posséder au nom du propriétaire, comme l'aurait fait un preneur ordinaire, ou même le preneur à localairie perpétuelle, il pouvait prescrire la pleine propriété. Seulement comme dans l'ancien droit la prescription, même trentenaire, supposait la bonne foi, ce mode d'extinction de l'emphytéose devait se rencontrer rarement.

7° Par la prescription de l'emphytéose au profit du propriétaire du fonds qui l'a possédé comme affranchi de toute concession. Cette prescription était impossible au cas de fief, du moins lorsque le seigneur possédait en vertu d'une saisie féodale; quel que fût le temps qu'elle eût duré, il ne pouvait invoquer la prescription contre son vassal; cela venait de la réciprocité des devoirs qui existait entre vassaux et seigneurs.

Nous avons vu que l'emphytéose ne pouvait prendre fin par la prescription de la redevance emphytéotique au profit du preneur; c'était la conséquence du caractère recognitif que cette redevance avait pris, grâce à l'influence des idées féodales.

8° Par le consentement des deux parties.

9° Par le délaissement fait par l'emphytéote. Cette faculté que nous avons refusée en droit romain, nous devons l'accorder ici. La plupart des redevances ont pris, en effet, sous l'empire des mœurs féodales, un caractère foncier, et l'emphytéose qui, malgré toutes les différences qui la séparaient du bail à cens, en tenait lieu dans le Midi, subit l'influence de l'époque. Ce ne fut cependant pas sans difficulté que cette décision fut admise, et les commentateurs du droit romain protestèrent, comme nous le prouve un passage de Loyseau, où il cite l'opinion contraire de Barthole. Du moment que la redevance emphytéotique devint purement foncière, on comprend que les emphytéotes, même ceux qui avaient passé le contrat, ne fussent tenus que comme détenteurs, et libérés par l'abandon du fonds. On avait admis cependant que, tant qu'ils possédaient, le *dominus* avait contre eux l'action personnelle, comme l'action hypothécaire. (Articles 99 et 101, *Coutume de Paris*, Arg. d'anal.).

Certains auteurs refusent cette faculté à l'emphytéote temporaire parce qu'il serait tenu personnellement; mais nous avons démontré ci-dessus que ce n'était pas un caractère inhérent à la nature de cette concession, et par suite, nous adoptons la même décision que pour l'emphytéote perpétuel.

Remarquons toutefois que, lorsque le fonds retournait au propriétaire par délaissement, la règle du reste était la même dans le cas d'expiration du temps de la concession ou de déchéance. L'emphytéote était tenu de le rendre en bon état de réparation de toutes sortes et sans détériorations, sauf les cas de force majeure ou cas fortuits. Vainement l'emphytéote alléguerait que, ne possédant plus, il n'est plus tenu; il n'est plus tenu pour l'avenir, il est vrai; mais sa possession a fait naître dans le passé certaines obligations, celles-là, il doit les acquitter. Il en est de même pour le payement de l'arriéré du canon ; c'est ce que décide l'art. 100, Cout. de Paris, pour le bail à rente foncière, et c'est trop équitable pour ne pas être étendu à l'emphytéose. Quant à celui qui a acquis de l'emphytéote la concession, en la délaissant sur les poursuites du propriétaire, il ne sera tenu que des détériorations et redevances ou charges qui sont nées pendant sa jouissance, et non de celles qui datent de son prédécesseur ; application de l'art. 100, Cout. de Paris.

10° Par la déchéance de l'emphytéote.

Ce mode d'extinction se subdivise en plusieurs cas spéciaux :

1° La détérioration. Nous avons refusé à l'emphytéote le droit de détériorer, et la pénalité pour le cas de violation de cette défense était la commise, si le propriétaire la demandait, car il est évident qu'il avait le droit de se contenter de demander la réparation du dommage causé. D'ailleurs les Parlements, grâce à leur pouvoir d'appréciation, écartèrent souvent, surtout dans les derniers temps, cette cause de déchéance. En demandant la commise, le propriétaire pouvait demander aussi que la chose fût remise en bon état. On ne saurait repousser cette solution en disant que *pœna et res* ne peuvent être exigées à la fois : en effet, ce principe ne s'applique qu'au cas de stipulation d'une clause pénale, et ici rien de semblable.

Si l'emphytéote avait détérioré d'un côté, amélioré de l'autre, il résulte des principes que nous avons posés qu'il y aura lieu cependant à commise, puisque le propriétaire n'est pas tenu d'indemniser le preneur pour ses améliorations. Seulement, en fait, souvent cela l'empêchera.

2° La déchéance pour défaut de payement du canon a-t-elle été maintenue par le droit des coutumes? Les opinions tant des feudistes que des auteurs modernes sont diverses.

Il est incontestable qu'elle existait dans le principe, et même qu'elle fut appliquée aux autres concessions féodales; mais, pour le fief, elle fut bientôt remplacée par la saisie féodale, qui donnait au seigneur le droit d'exploiter pour son compte, et de faire les fruits siens pendant trois ans; pour le bail à cens, par une saisie qui avait seulement les caractères d'une voie d'exécution, et non d'une résolution temporaire, le saisissant ne faisait, du moins en général, les fruits siens que jusqu'à concurrence du cens; pour la rente foncière, par une simple action personnelle ou hypothécaire. En fut-il de même pour l'emphytéose?

Dumoulin indiquait cette commise pour défaut de payement de la redevance comme la principale différence entre notre concession et le bail à cens; (nous avons vu qu'il y en avait d'autres aussi importantes). Catellan, jurisconsulte méridional, dit au contraire, que le tenancier a trente ans après la saisie pour acquitter les redevances dues, et que, ces redevances payées, il peut reprendre la concession. On ne peut tirer un argument solide contre l'opinion de Dumoulin de ce passage qui se termine par ces mots : « En payant la censive. »; ce qui tendrait à prouver qu'il s'agit d'un bail à cens improprement appelé emphytéose.

L'opinion de Dumoulin est contredite d'autre part par

la jurisprudence presque constante des Parlements. Ceux-ci, en effet, constataient que, dans le droit canon, bien que la commise eût lieu de plein droit par le non payement pendant deux ans, l'emphytéote pouvait, en payant dans un court délai ce qu'il devait, rester, même après ces deux ans, en possession du fonds ; ils remarquaient aussi que, dans les usages coutumiers, grâce à la maxime que « les voies de fait » étaient défendues en France, l'intervention de la justice était requise en toutes choses ; aussi décidèrent-ils non-seulement, que la commise n'avait pas, comme en droit romain, lieu de plein droit, et sans mise en demeure ou action en justice du propriétaire ; non-seulement, que la commise n'avait pas, comme en droit canon, lieu de plein droit, et pouvait être purgée dans un court délai ; mais encore, que toujours la commise devait être demandée en justice. Cette obligation une fois imposée aux propriétaires, les Parlements en conclurent bientôt qu'ils avaient le droit de ne pas prononcer la déchéance et d'accorder des délais ; ils en vinrent même, ce qui peut paraître incroyable, à s'arroger ce droit quand la commise avait été formellement stipulée par les parties : « Cette clause est considérée comme comminatoire, dit de Serres, et l'emphytéote ne peut être dépossédé que par voie de justice. »

Merlin, dans ses conclusions sur l'arrêt de la Cour de Cassation du 1er thermidor an XI, repousse une semblable décision. Il s'appuie pour cela sur les principes généraux du droit, et sur l'opinion de Coquille, commentateur de la coutume du Nivernais, qui appliquait au bail à bourdelage les règles du droit canon en matière d'emphytéose. Voici le passage de Coquille : « Ce que je dis de la permission de justice, quand il y a convenance expresse, n'est pas pour y appliquer connaissance de cause, ni en faire un procès ordinaire, mais pour y répondre par le juge sur simple requête. » Mais cette solution, plus juridique que la première, n'avait pas été admise par la jurisprudence et la majorité des auteurs. Il semble donc, malgré l'avis contraire de Merlin, que l'on doive abandonner la doctrine de Dumoulin, et décider que la commise pour défaut de payement du canon n'avait pas lieu dans le dernier état du droit coutumier. C'est ce qu'a fait M. Troplong, qui pourtant accorde à l'emphytéose au moyen âge des caractères propres.

M. Le Halleur, qui a presque assimilé l'emphytéose au bail à cens, se prononce au contraire pour l'opinion de Dumoulin ; la jurisprudence lui paraît avoir fait confusion. Tous les auteurs, dit-il, qui ont traité spécialement de l'emphytéose, qui l'ont vraiment distinguée des concessions féodales, signalent la commise faute de payement comme la différence principale entre elle et ces dernières : ainsi Dumoulin, dans le passage déjà cité, de même Argou dans celui-ci : « Il y a trois choses que les lois suppléent dans l'emphytéose, quand les parties n'ont point fait de convention contraire.......... « 2° Il est déchu de son droit et perd les améliorations qu'il a pu faire, s'il reste trois ans sans payer le canon. »

M. Le Halleur fait en outre remarquer que la coutume de Bourgogne, qui s'occupe spécialement de l'emphytéose, reproduit avec quelques modifications les règles romaines, et que le parlement de Toulouse applique la commise faute de payement à la locatairie perpétuelle qui a été copiée, sous plusieurs rapports, sur notre concession.

Quant à la jurisprudence commune, et à l'opinion des auteurs qui n'ont pas traité spécialement de l'emphytéose, il explique leurs décisions par la confusion qui existait dans les termes, et que l'étude du droit romain elle-même n'était pas parvenue à faire cesser, elles doivent s'appliquer, selon lui, au bail à cens. Il admettrait pourtant l'intervention de la justice, mais seulement pour constater qu'il y a lieu à commise, et non pour apprécier et accorder des délais.

Cette opinion nous paraît conforme à ce que nous avons dit jusqu'ici des caractères de l'emphytéose en droit coutumier, et nous l'adoptons toutes les fois qu'il est constant que les parties ont voulu créer une véritable emphytéose et non un bail à cens ou à rente sous un nom impropre.

3° La déchéance pour non observation des conditions en matière d'aliénation.

Etait-elle admise en droit coutumier ? Nous avons déjà étudié la question en nous occupant de l'aliénation du droit emphytéotique, et nous avons décidé qu'en droit, il nous semblait que la commise existait en ce cas comme dans le précédent, mais qu'en fait, grâce à la jurisprudence des Parlements, le propriétaire ne l'obtenait jamais, et avait fini par ne plus pouvoir poursuivre le payement des droits de mutation que par voie d'action personnelle ou hypothécaire. Tout au plus lui aurait-on accordé la voie de la saisie comme mesure d'exécution, et non comme résolution temporaire du droit du preneur.

Nous avons terminé l'étude de l'emphytéose au moyen âge. Il en résulte, d'après nous, que cette concession, quand on prend soin de la distinguer des concessions de création germanique et féodale avec laquelle elle a été souvent confondue, a conservé presque tous ses caractères romains. Ceux qu'elle a perdus, elle ne l'a fait que peu à peu, grâce à l'influence des idées nouvelles; et quelquefois, comme pour les droits de mutation, elle a donné ses caractères aux nouvelles concessions créées par l'époque féodale.

Il ne nous reste plus qu'à examiner les caractères de l'emphytéose dans le droit moderne.

DROIT INTERMÉDIAIRE.

Occupons-nous d'abord du droit intermédiaire. L'article 1er, titre Ier, loi des 18 - 20 décembre 1790, a supprimé l'emphytéose perpétuelle comme toutes les autres concessions créant des redevances foncières perpétuelles, ou plutôt elle les a déclarées rachetables à perpétuité, en enlevant aux redevances leur caractère foncier, et faisant passer la propriété entière sur la tête des preneurs. Ce même article a maintenu les emphytéoses temporaires sans leur apporter de modification, mais en fixant à leur durée un maximum de quatre-vingt-dix-neuf ans.

La nature de ce droit était la même qu'à l'époque féodale, c'est-à-dire un *jus in re aliena*, une servitude personnelle analogue à l'usufruit, et à laquelle les règles que nous avons posées dans l'ancien droit sont applicables ; la redevance même avait gardé son caractère foncier.

L'art. 5, loi du 9 messidor an III, a introduit de nouveaux changements dans la théorie de l'emphytéose, il est ainsi conçu :

« Sont seuls susceptibles d'hypothèques :

1° « La propriété des biens territoriaux, de leurs accessoires réputés immeubles, et des servitudes foncières ;

2° « L'usufruit des mêmes biens résultant seulement des baux emphytéotiques lorsqu'il reste encore vingt-cinq ans de jouissance. »

Le mot « usufruit » ne doit être pris ici que comme terme générique ; car il y a de grandes différences entre le véritable usufruit et l'emphytéose temporaire : ainsi cette dernière passe aux héritiers tandis que l'usufruit cesse à la mort de l'usufruitier. Du moins cette expression prouve que les rédacteurs de cette loi n'avaient pas admis l'opinion de ceux des anciens auteurs qui voulaient que l'emphytéose, même temporaire, transmit au preneur le domaine utile, opinion qui a été soutenue par Merlin et dans l'ancien droit, et dans le droit intermédiaire, et dans le droit actuel. En effet, puisque cet article qualifie l'emphytéote d'usufruitier, c'est qu'il n'a, comme lui, qu'un *jus servitutis* sur le fonds.

Merlin a rejeté ces déductions, ou plutôt a soutenu que ce n'était là qu'une dérogation temporaire aux vrais principes en matière d'emphytéose, principes auxquels serait revenue la loi du 11 brumaire an VII, art. 6, dont le second alinéa est ainsi conçu : « L'usufruit, ainsi que la jouissance à titre emphytéotique des mêmes biens pour le temps de leur durée. » D'après lui, ces expressions ont été mises à la place de celles de la loi de l'an III dans le but de rendre à l'emphytéote son caractère véritable de propriétaire utile ; ce qui le prouve, c'est la faculté d'hypothéquer qui lui est accordée, et qui ne le serait pas s'il ne participait pas à la propriété. Cette raison n'en est pas une, car la loi de l'an III accordait à l'emphytéote le droit d'hypothéquer, et cependant le considérait seulement comme ayant un droit de servitude personnelle, et la loi de l'an VII donne ce même droit à l'usufruitier ; d'où la conclusion qu'il n'est pas nécessaire d'avoir le domaine utile pour pouvoir hypothéquer. Quant aux termes de la loi de l'an VII, il ne faut pas leur faire dire plus qu'ils ne disent, et la différence de rédaction, qui est insignifiante, s'explique par l'intention des auteurs de la loi de bien faire comprendre que l'usufruit, aussi bien que l'emphytéose, était susceptible d'hypothèque.

Après cette digression, revenons aux modifications introduites dans certaines règles de l'emphytéose par ces deux lois.

La première avait apporté à la faculté pour l'emphytéote d'hypothéquer son droit, une notable restriction qui a été supprimée par la seconde. Mais les deux articles des lois de l'an III et de l'an VII, cités ci-dessus, joints à l'art. 7 de cette dernière, n'ont-ils pas apporté un changement plus important encore? Merlin se prononce pour la négative ; voici la question :

La redevance emphytéotique qui a conservé son caractère foncier et immobilier, puisqu'elle n'est pas perpéluelle, et ne tombe pas sous le coup de l'art. 1, loi des 18-29 décembre 1790, est-elle, comme dans l'ancien droit, susceptible d'hypothèques? L'art. 7, dont nous venons de parler, supprime la faculté de créer des hypothèques sur les rentes et autres prestations que la loi a déclarées rachetables, et Merlin, s'appuyant sur cette maxime : « *Qui de uno dicit de altero negat,* » en conclut que la redevance emphytéotique temporaire, n'étant pas rachetable, est susceptible d'hypothèque ; et cela séparément du droit de propriété. Il est incontestable que, en hypothéquant la propriété, le propriétaire, à moins de réserve, hypothéquera aussi la redevance comme accessoire immobilier ; cela ressort des art. 5 loi du 9 messidor an III, et 6, loi du 11 brumaire an VII précités, mais c'est sur le droit de constituer une hypothèque distincte qu'il y a difficulté.

Pour nous nous croyons avec M. Le Halleur que l'opinion de Merlin ne peut se soutenir en présence des expressions des deux articles ci-dessus : « Sont seuls susceptibles d'hypothèques : 1° la propriété des immeubles territoriaux, ensemble leurs accessoires inhérents. — 2° L'usufruit et la jouissance à titre d'emphytéose des mêmes biens. »

Ces termes sont formels et ne permettent pas de tirer un argument *a contrario* de l'art. 7, loi 11 brumaire an VII.

Quant à une autre objection qui consiste à dire qu'il serait étonnant qu'un immeuble ne fût pas susceptible d'hypothèque, il est facile d'y répondre que la loi de brumaire elle-même ne permet pas d'hypothéquer tous les immeubles, ainsi les servitudes séparément du fonds.

Quelques auteurs vont plus loin, et croient que ces lois, en ne disant rien du droit d'hypothéquer la redevance emphytéotique, ont adopté le point de vue de ceux des anciens auteurs qui distinguaient complétement le bail emphytéotique temporaire du perpétuel, et considéraient le premier comme créant une obligation personnelle de payer le canon et non une redevance foncière ; dès lors il ne pouvait pas être question de la grever d'hypothèques. Cette explication pourrait bien être vraie, et en ce cas plusieurs des règles que nous avons adoptées dans le droit coutumier, devraient être modifiées ; citons les plus importantes :

Le propriétaire n'aurait contre l'emphytéote que l'action personnelle,

La prescription, comme en droit romain, ne pourrait plus être un mode de création de l'emphytéose, puisqu'elle ne peut faire naître des obligations. Tout au plus serait-elle un mode de consolidation au cas d'aliénation d'une emphytéose par celui qui n'est pas le véritable emphytéote ; ici l'obligation de payer le canon ayant été créée par un contrat, le droit réel au profit de l'acheteur pourra naître par la prescription. Il en serait de même au cas de création d'une emphytéose *a non domino fundi* ; ici encore l'emphytéote s'est obligé par contrat, et l'on peut soutenir que le *non dominus* doit être considéré comme ayant géré l'affaire du vrai propriétaire, de sorte que le profit de l'obligation passerait à celui-ci. Cette deuxième décision nous semble plus difficile à admettre que la première, d'autant que dans ce cas, ce ne serait pas la prescription qui consoliderait le droit du preneur, mais le contrat qui le créerait et complétement. On ne saurait en effet dire, que le *non dominus* doit être considéré comme gérant d'affaires du propriétaire pour obliger l'emphytéote, et comme ne l'étant pas pour l'obliger lui-même, cela serait contraire aux principes les plus élémentaires de la logique qui veulent que l'on ne puisse être à la fois et n'être pas, et serait en même temps éminemment injuste pour le preneur. Cela posé nous dirons qu'il nous semble impossible de considérer le *non dominus* comme ayant géré les affaires du vrai propriétaire ; qu'il soit de bonne ou de mauvaise foi, il a toujours fait le contrat comme propriétaire et avec l'espoir de garder le fonds; par suite on ne peut dire qu'il l'ait faite au nom du vrai *dominus*.

Il résulte de là que la prescription ne pourra, dans le cas de création d'une emphytéose par celui qui n'est pas propriétaire du fonds, consolider la concession, parce que, l'obligation n'existant pas par le contrat entre le vrai propriétaire et l'emphytéote, et la prescription ne pouvant la faire naître, une des conditions de l'emphytéose, *id est* la redevance, fait défaut.

L'emphytéote enfin n'aurait plus la faculté de délaisser, cette faculté étant la conséquence du caractère réel et foncier de la redevance.

En somme l'emphytéose existe dans le droit intermédiaire, mais elle a subi de notables changements, bien que quelques-uns d'entre eux puissent être mis en doute.

DROIT ACTUEL.

Arrivons au Code civil ; ici ce n'est pas tel ou tel caraclère, c'est l'existence de l'emphytéose, même réduite au point où l'a mise le droit intermédiaire, qui est contestée.

Le Code civil n'en parle pas, il ressort de là sans controverse possible que l'emphytéose perpétuelle reste supprimée; mais ce silence équivaut-il à la suppression de la temporaire qui a été maintenue par les lois intermédiaires?

Quatre opinions sont en présence : la première, patronnée par MM. Merlin et Proudhon, décide que le Code Napoléon a maintenu l'emphytéose temporaire donnant au preneur le domaine utile et réservant au propriétaire le domaine direct.

La seconde, adoptée par la Cour de Cassation dans un arrêt du 1er avril 1840, dont elle réfute du reste les principes dans un arrêt du 8 juillet 1851, reconnaît l'existence de l'emphytéose, et considère cette concession comme donnant au preneur la propriété pleine pour le temps de sa durée.

La troisième, à laquelle se rattachent MM. Troplong, Duvergier, Duranton, Pépin Le Halleur, et la grande majorité des arrêts, admet l'existence de l'emphytéose temporaire comme concession spéciale, transmettant un droit réel au preneur, mais qualifie ce droit réel de *jus in re aliena*, de servitude personnelle, assez analogue quant à sa nature à l'usufruit.

La quatrième enfin, la plus radicale, celle qui est adoptée par MM. Delvincourt et Demolombe, refuse à l'emphytéose toute existence distincte, et prononce l'assimilation complète de cette concession avec le simple louage.

Passons en revue ces diverses opinions et exposons les motifs à l'appui.

MM. Merlin et Proudhon répondent à l'objection tirée du silence du Code civil sur l'emphytéose, et des termes de l'art. 7 de la loi du 30 ventôse an XII, qui déclare abrogés pour l'avenir les lois, statuts et règlements antérieurs sur les objets traités par le Code : précisément parce que le Code civil ne traite pas de l'emphytéose, il n'est pas possible d'invoquer l'art. 7 de la loi de ventôse pour affirmer la suppression de ce mode de concession.

Quant au silence de l'art. 2118 en particulier, comparé aux expressions de l'art. 6, L. de brum. an VII, ces auteurs l'expliquent par ce motif, que les législateurs n'avaient pas besoin d'en parler comme ceux de la loi de brumaire, puis que ceux-ci ne s'en étaient occupés que pour faire cesser la confusion entre l'emphytéose et l'usufruit, causée par la loi de messidor an III, et pour rétablir l'ancienne division du domaine entre le preneur et le propriétaire. Cette confusion n'existant plus, les législateurs nouveaux n'avaient que faire de donner spécialement à l'emphytéote le droit d'hypothéquer, il avait ce droit comme tout propriétaire.

Ces auteurs ajoutent, comme considérations générales : L'emphytéose est une concession d'une grande utilité justement à cause de cette division du domaine qui poussera le preneur à améliorer; et c'est là le véritable intérêt du propriétaire.

Le Code civil ne répugne pas à une aliénation temporaire de la propriété qui est aussi bien de droit naturel que l'aliénation à perpétuité; aussi faudrait-il une disposition expresse de la loi pour l'enlever. Loin de la contenir, le Code dans son art. 2125 admet le transport à temps de la propriété, puisqu'il parle de cas où la propriété est résoluble.

Enfin, l'art. 543, qui, dit-on, s'oppose à l'admission sur les biens de tout autre droit que celui de propriété pleine ou de simple jouissance, n'est pas aussi radical qu'on le soutient, puisque l'art. 617 permet au propriétaire de transmettre pour un certain temps l'usufruit de son bien; or l'usufruit est certes un droit réel et foncier, un démembrement de la propriété.

La deuxième opinion s'empare des raisonnements de Merlin, mais les pousse beaucoup plus loin, car ce n'est plus seulement le domaine utile qui est donné au preneur, c'est le domaine entier. Dans ce système, qui chercherait vainement un appui dans l'ancien droit ou dans dans le droit romain, le silence du Code civil s'explique, puisque l'emphytéose n'est autre chose que le droit de propriété; et l'art. 543 doit être rapproché de l'art. 2125 qui prouve que la propriété peut être transférée à temps sans cesser pour cela d'être la propriété.

Ce qu'il y a de plus curieux dans cette opinion, conséquence d'un arrêt de la Cour de Cassation du 1er avril 1840, c'est qu'elle s'est introduite en matière fiscale, où cependant il est de principe que tout est de droit étroit.

La troisième opinion, le plus généralement adoptée, repousse la division en domaine direct et domaine utile de Merlin, n'admet pas davantage le transport au preneur d'un droit de propriété temporaire, mais se prononce cependant pour le maintien de l'emphytéose dans le droit actuel comme *jus in re.*

Elle repousse, nous venons de le dire, l'opinion de Merlin : 1° parce que, même dans l'ancien droit, l'emphytéose temporaire ne transférait pas le domaine utile, et que la loi de brumaire an VII, art. 6, n'a pu avoir pour but de rétablir ce qui n'avait pas existé; 2° que, même en supposant l'existence de cette distinction dans l'ancien droit, la différence de rédaction entre les lois de nivôse an III et brumaire an VII, base du raisonnement de Merlin, est trop minime pour qu'on puisse en conclure à une restauration aussi importante. Elle est démentie d'ailleurs par cet article lui-même qui refuse au propriétaire le droit d'établir des hypothèques sur la redevance emphytéotique, et loin de modifier, maintient ainsi les dispositions de l'art. 5 de la loi de nivôse an VII; 3° que l'art. 543 du Code civil est évidemment restrictif, en ce sens, qu'il ne permet pas de créer un droit de propriété temporaire, car qui dit propriété, dit le droit le plus large d'user et d'abuser, et ce n'est pas là le droit que Merlin reconnaît à l'emphytéote auquel il donne le domaine utile; 4° que l'argument tiré de l'article 617, opposé à l'art. 543 ne prouverait rien en faveur du droit de faire une concession plus étendue que l'usufruit; 5° que l'art. 2125 ne prouve pas davantage la possibilité de créer une propriété temporaire; car il peut fort bien se comprendre et s'appliquer sans une supposition de ce genre, la résolution d'une aliénation pouvant être l'effet d'une condition, et non d'un terme; 6° que la réponse faite par Merlin à l'objection tirée du silence du Code civil, joint à l'art. 7, loi de ventôse an XI, est plus subtile que juste, car, par ce moyen, il serait facile, sous prétexte de silence du Code, de faire renaître toutes les anciennes concessions qui n'ont pas été nommément supprimées; 7° en ce qui concerne les considérations générales, l'utilité de l'emphytéose, cette utilité, que l'on a d'ailleurs beaucoup exagérée, existe aussi bien que l'on accorde au preneur un droit de propriété ou un simple *jus in re*.

Quant à l'opinion émise par la Cour de Cassation dans son arrêt du 12 avril 1840, les auteurs dont nous parlons la repoussent à plus forte raison encore que celle de Merlin et pour les motifs suivants : 1° l'ancien droit, ni le droit romain, n'ont jamais admis le transport de la propriété pleine à l'emphytéote, et les lois révolutionnaires ne l'ont pas admis davantage pour l'emphytéose temporaire, la seule dont nous nous occupions; le Code n'en n'ayant pas parlé, n'a pu évidemment donner un nouveau caractère à la nature de cette concession ; 2° l'article 543, en ne parlant que du droit de propriété, écarte par cela même ce soi-disant droit de propriété qui appartiendrait à l'emphytéote, sans que celui-ci eût la faculté d'*uti et abuti* à perpétuité du fonds concédé; 3° de ce que la loi, art. 617, permet au propriétaire d'aliéner à temps une partie de son droit de propriété, on ne saurait conclure que celui qui peut faire une partie peut faire le tout, et aliéner la propriété pour un temps, comme il peut aliéner l'usufruit; 4° l'art. 2125 ne prouve rien, il s'explique fort bien autrement, comme l'avons prouvé en réfutant l'opinion de Merlin.

En somme, la propriété temporaire accordée par la Cour de Cassation à l'emphytéote est forcément incomplète, et ne peut être comprise sous ce nom, ni dans l'art. 543, ni dans l'art. 2118 sur les hypothèques.

Passons maintenant aux motifs invoqués à l'appui de l'opinion commune.

Le silence du Code civil sur l'emphytéose n'est qu'apparent. Il résulte en effet de la comparaison des art. 526 et 543, que le mot « usufruit » est employé quelquefois comme synonyme de « droit de jouissance, » qui est rangé parmi les droits réels. Or, il est constant que l'emphytéose, *jus in re*, peut, tout comme l'usufruit, être considérée comme une espèce de droit de jouissance, dèslors le Code n'est pas muet à son sujet. L'art. 2118 sur les hypothèques ne l'est pas davantage, puisque nous venons de constater « qu'usufruit » peut être employé comme synonyme de « droit de jouissance, » et que l'emphytéose rentre dans ce dernier.

L'art. 686 permet de créer toutes sortes de servitudes pourvu qu'elles ne soient pas en faveur de la personne ou contre elle; or l'emphytéose ne l'est pas plus que l'usufruit. Cet argument n'a pas grande valeur, de l'avis même de ceux qui l'emploient, parce que cet article est placé au chapitre des servitudes ou services fonciers, au nombre desquels il est impossible de ranger l'emphytéose.

Enfin, en supposant que le Code n'ait pas parlé de cette concession, qu'elle ait donc été supprimée par application de l'art. 7, L. 30 vent. an XII, il serait facile de la remplacer par la création d'un usufruit de 99 ans, ou à trois générations, que l'on revêtirait des principaux caractères de l'emphytéose; l'art. 1122 le permettrait. On créerait ainsi un droit réel ressemblant au bail emphytéotique. Il en faut conclure, qu'il vaut mieux, admettant même le silence de la loi, ne pas l'interpréter dans le sens d'une prohibition qu'il serait si facile d'éluder.

En résumé, dans cette opinion, l'emphytéose existe sous l'empire du Code civil qui la comprend dans le terme générique d'usufruit, ou droit de jouissance. Elle constitue un droit réel temporaire, dont le maximum est 99 ans ou trois générations, et susceptible d'hypothèques.

Il en est autrement de la quatrième opinion. Celle-ci ne reconnaît pas l'existence de l'emphytéose avec des caractères spéciaux sous le Code civil, et décide : que, si les parties ont eu l'intention de créer une emphytéose perpétuelle, c'est la pleine propriété qui a été transférée au preneur, et la redevance n'est qu'une simple créance éminemment rachetable (application de l'art. 1..titre 1, L. 29, déc. 1790, admise d'ailleurs dans tous les systèmes) ; que si, au contraire elles ont voulu créer une emphytéose temporaire, c'est un simple louage qu'elles ont fait. Il s'ensuit que la concession ne donne pas naissance à un droit réel, du moins dans l'opinion commune, et qu'elle n'est pas susceptible d'hypothèques ; tout au plus pourra-t-on induire du mot emphytéose, que les parties ont eu l'intention d'appliquer les anciennes règles en cette matière, qui ne sont pas en opposition avec l'économie du Code.

Voici les motifs sur lesquels les partisans de cette opinion se fondent.

Ils rejettent le système de Merlin et celui de la Cour de Cassation, arrêt du 1er avril 1840, par les motifs que nous avons énoncés en examinant le troisième système et qui se résument ainsi : Le Code civil n'admet qu'une sorte de propriété, la propriété pleine, il ne parle donc pas de l'emphytéose qui, selon Merlin, donnerait un domaine utile, selon la Cour de Cassation, une propriété temporaire. Les art. 543, 2118, 2125, loin d'appuyer ces systèmes, les rendent impossibles, car tous ils supposent la propriété. En présence de ce silence, il faut considérer l'emphytéose comme supprimée, vu l'art. 7, L. 30 ventôse an XII.

Quant au troisième système il faut le rejeter pour des motifs analogues.

Le Code civil ne parle pas de cette concession, et cela est si vrai, que ceux qui affirment son existence ne savent pas eux-mêmes à quel droit, parmi ceux dont s'occupe la loi, il faut la rattacher. Les uns la rattachent à la propriété, les autres au droit de jouissance, quelques-uns, comme M. Duranton, à tous les deux, au droit de jouissance dans l'art. 543, et au droit de propriété dans l'article 2118; car il est évident que l'expression, « biens immobiliers par leur nature, et leurs accessoires réputés immeubles, » qui, selon lui, comprend l'emphytéose, s'applique au droit de propriété, par opposition à l'usufruit dont s'occupe le *secundo* du même art. 2118

Pourtant, s'il y avait un droit sur lequel il eût fallu s'expliquer, si on le conservait, c'était l'emphytéose, dont la nature et les caractères avaient donné lieu aux opinions les plus divergentes, les plus contradictoires mêmes, dans l'ancien droit. Or le Code ne prononce même pas son nom.

Ce silence, inexplicable avec le troisième système s'explique fort bien dans celui-ci; les législateurs n'avaient que faire de définir longuement un droit qu'ils ne reconnaissaient plus:

On invoque l'art. 1, t. I, L. 1790, et l'on nous dit :

Même sur votre terrain nous vous combattons avec avantage. Vous admettez en effet, que l'art. 1, titre 1, Loi 29 déc. 1790, est encore en vigueur comme fixation du maximum de durée des concessions à temps ; comment dès-lors pourrez-vous ne pas le considérer comme tel au sujet de l'emphytéose temporaire ; le Code civil est aussi muet sur le premier point qu'il l'est, d'après vous, sur le second?

La réponse est facile : Le Code ne traite pas la question du maximum de durée des concessions temporaires, tandis qu'il s'occupe de la matière des droits réels ; dans le premier cas, l'art. 7 de la loi de ventôse an XII ne s'oppose donc pas au maintien des dispositions de la loi de 1790, tandis que, dans le second, il s'y oppose formellement, puisqu'il s'agit de matières traitées dans le Code.

Les auteurs qui appuient la troisième opinion prétendent le contraire, ils font rentrer l'emphytéose sous le terme générique de « droit de jouissance » de l'art. 543, et d' « usufruit » de l'art. 2118. Ce sont là, on peut le dire, des arguments cherchés à l'appui d'une opinion toute faite, car, pour tout lecteur non prévenu, l'étude et la comparaison des art. 526, 543, 578, 2118, 2204, auront pour résultat de prouver, que le mot « usufruit » a dans nos lois un sens exclusif et spécial, et que si l'expression « droit de jouissance » a été mise dans l'art. 542, cela a été sans doute pour comprendre tous les droits réels, et réparer ainsi l'omission faite dans l'art. 526 pour les droits d'usage et d'habitation. Dès-lors on ne saurait tirer texte de ces articles pour donner au mot « usufruit » un sens plus étendu que celui qui lui est donné par la loi, et qu'il a en particulier dans l'art. 2118, où il est évidemment placé par opposition aux droits d'usage et d'habitation, et où, par conséquent, il est contradictoire de lui donner un sens générique.

Les partisans du troisième système ne se sont pas aperçus qu'ils tombaient dans cette contradiction. En effet, d'une part, n'admettant pas que les législateurs aient pu oublier de parler dans l'art. 526 des droits d'usage et d'habitation, ils donnent au mot « usufruit, » qui s'y trouve, un sens générique, et font rentrer sous cette dénomination l'emphytéose, ainsi que les deux autres droits réels que nous venons d'indiquer ; et d'autre part, tout en conservant dans l'art: 2118 au mot « usufruit » ce sens générique pour y pouvoir comprendre l'emphytéose, ils refusent d'y faire rentrer les droits d'usage et d'habitation. C'est, on le voit, l'arbitraire le plus complet introduit dans l'interprétation des termes légaux. Aussi pour rester dans la vérité, et ne tomber ni dans la contradiction, ni dans l'arbitraire, faut-il conserver au mot « usufruit » son sens spécial et propre.

Il ne reste donc, pour appuyer le troisième système, que les expressions « droit de jouissance » de l'art. 513. Nous les avons déjà expliquées, en disant, qu'on les avait employées pour comprendre les droits omis dans l'art. 526; et d'ailleurs, est-ce sur ces seuls mots que l'on peut asseoir le maintien d'une théorie, qui donne lieu à autant de difficultés que celle de l'emphytéose? Franchement ce n'est guère admissible.

Et puis quelle emphytéose bâtarde on parviendrait à

restaurer ainsi! Droit réel, elle ne serait cependant, nous venons de le démontrer, susceptible ni d'hypothèques, ni de saisie immobilière, deux des avantages les plus importants des droits réels, alors qu'ils appartiennent tous deux à l'usufruit, concession d'une durée moins certaine, et qui en conséquence semblerait devoir être moins protégée par le législateur. C'est ce qu'avait bien compris la loi de nivôse an III, qui avait maintenu l'emphytéose; elle permettait de l'hypothéquer, mais ne permettait pas d'hypothéquer l'usufruit. Aussi, l'absence seule du droit d'hypothéquer l'emphytéose dans le Code suffirait, on peut le dire, pour prouver qu'elle n'existe plus.

Enfin, dernier argument : l'art. 2118 en matière hypothécaire est copié sur l'art. 6. Loi de brum. an VII, il en reproduit les dispositions, sauf celles qui concernent l'emphytéose, que peut-il y avoir de plus expressif que ce silence?

Résumons-nous : Le Code civil ne s'occupe pas de l'emphytéose, puisqu'elle ne peut rentrer, ni dans « l'usufruit » de l'art. 526, ni dans le « droit de jouissance » de l'art. 543; en conséquence, appliquant au troisième système le raisonnement qu'il appliquait lui-même aux deux premiers, nous dirons, que l'art. 7 de la loi du 30 ventôse an XII abroge formellement l'emphytéose, comme mode de concession spéciale.

Quant aux considérations générales tirées, soit de la facilité d'éluder une semblable prohibition par la constitution d'un usufruit de 99 ans, soit de l'utilité de la combinaison emphytéotique, nous répondrons à la première, que, de la possibilité d'éluder un principe, il serait au moins téméraire de conclure à sa non existence, et que, même en supposant qu'elle fût éludée, la prohibition du Code aurait eu ce bon résultat, de contraindre les parties qui voudraient le faire à s'expliquer clairement, et à prendre pour base de leurs droits les règles si nettes de l'usufruit, et non celles de l'emphytéose, dont chaque caractère soulève des controverses. A la seconde nous répondrons, que l'utilité de l'emphytéose, fort préconisée par M. Duvergier, paraît plus problématique aux autres partisans du troisième système, entre autres à MM. Troplong et Le Halleur, qui reconnaissent qu'elle n'a d'utilité réelle que dans les périodes de troubles et de transition, où les simples fermiers ne se rencontrent pas, et où il faut attirer les cultivateurs par des avantages exceptionnels. Mais dans les temps normaux les propriétaires ont tout avantage à faire de simples baux à ferme; cela enlève moins de valeur à leur fonds, et leur donne sur le preneur des droits de surveillance plus étendus, en même temps que cela les prive pour un temps moins long de la jouissance; car le bail ordinaire est généralement plus court que le bail emphytéotique.

Aussi pouvons-nous dire que si le Code n'a pas maintenu l'emphytéose, il n'a pas, en le faisant, nui à la culture des terres.

On a prétendu que cette omission résultait d'un oubli : un pareil oubli ne semble guère probable, surtout lorsqu'il s'agit d'une concession aussi connue que celle-là; du reste les paroles de M. Treilhard dans l'exposé des motifs sur la Distinction des biens, où il exprime nettement que toutes les concessions féodales sont supprimées, et que l'on ne reconnaît plus sur les biens que la

« propriété pleine, » ou bien « un simple droit de jouissance sans pouvoir disposer du fonds, » ne permettent
pas d'accuser les législateurs d'avoir oublié l'emphytéose.
En voici une preuve plus précise, s'il est possible : Sur le
titre des Hypothèques, art. 2118, la question du maintien de l'emphytéose fut posée à M. Tronchet qui répon-
dit : « Maintenant elle n'aurait plus d'objet, il est inutile
de s'en occuper. »

Ainsi l'emphytéose n'existe plus, et les législateurs
l'ont sciemment supprimée. Si donc aujourd'hui un contrat était passé sous ce nom, il faudrait le traiter comme
un simple bail, et si le propriétaire ne s'en trouve pas
plus mal comme nous l'avons montré ci-dessus, le preneur ne s'en plaindra pas non plus ; car il n'aura pas, à
moins de stipulation formelle, à payer l'impôt, à faire
même les grosses réparations, à supporter les pertes partielles du fonds et les années stériles sans diminution du
canon. De sorte que, tout bien considéré, la suppression
de l'emphytéose ne porte pas plus préjudice au preneur
qu'au propriétaire.

En terminant ce sujet, nous croyons devoir faire remarquer que certaines lois postérieures au Code, principalement des lois de finances, ont employé le terme de
bail emphytéotique, et semblent par là acquiescer *ex post
facto* au troisième système (Loi du 8 nov. 1814, art. 15 ;
lois du 31 mars 1820 et 21 juin 1826) ; mais ces mots peuvent être expliqués dans un autre sens, celui de bail à
longues années, qui leur est fréquemment donné.

Esquissons rapidement la nature et les caractères d'une
emphytéose sous le Code.

Ce sont, nous l'avons dit, ceux du bail ordinaire. Elle

ne créera donc point un droit réel au profit du preneur, bien que M. Troplong prétende que l'art. 1743 a introduit cette réalité ; c'est, d'après lui, la seule manière d'expliquer l'obligation pour un acheteur de respecter le bail fait par son vendeur.

Pour nous, rapprochant la définition du louage dans l'art. 1709, qui ne parle que des obligations que ce contrat fait naître entre le bailleur et le preneur, et impose au premier le devoir de « faire jouir » le preneur, de la définition si différente d'un droit réel, de l'usufruit, par exemple, qui consiste, art. 578, dans le droit « de jouir » des choses dont un autre est propriétaire, ce qui met la chose directement et sans l'intermédiaire de personne en rapport avec l'usufruitier, nous constatons, dans la définition de ces deux droits, des différences qui se retrouvent dans leurs caractères. Le preneur en effet ne peut, de l'avis même de M. Troplong, ni délaisser, ni hypothéquer, n'a ni à payer les impots, ni à supporter les pertes partielles ou totales, les années stériles, peut exiger que le bailleur le fasse jouir et entretienne la chose louée, enfin ne peut poursuivre les tiers-détenteurs, malgré l'opinion contraire de M. Troplong, qui est condamné par l'article même qu'il invoque, puisque le droit du preneur de se faire maintenir en jouissance est restreint à la personne de l'acquéreur. Au contraire l'usufruitier peut délaisser, hypothéquer, poursuivre les tiers-détenteurs, il paye les impots, supporte les pertes, ne peut obliger le nu-propriétaire à maintenir la chose en tel état qu'il en puisse jouir. De ces différences nous concluons à l'impossibilité de considérer le louage comme un droit réel.

Quant à la disposition de l'art. 1743, elle est facile à

expliquer. En droit romain, où la personnalité du bail n'était pas contestée, et où l'acquéreur n'était pas tenu de respecter le bail fait par le vendeur, « *nisi ea lege emit,* » cette clause était fréquemment introduite, dans l'intérêt des deux parties, afin que le preneur ne fût pas troublé, et le vendeur appelé en garantie par lui; dans l'ancien droit, au cas de donation, cette clause, d'après Pothier, était sous-entendue, et, dans les aliénations à titre onéreux, elle l'était également pour la durée d'une année. Le Code n'a fait que suivre les principes anciens en les étendant dans un but d'utilité pour l'agriculture, et il a sous-entendu dans tous les cas cette subrogation de l'acheteur dans les droits du vendeur, qu'il fallait exprimer en droit romain. Il est étonnant que M. Troplong ait cherché une autre explication; car lui qui se refuse a admettre l'idée d'une subrogation de l'acheteur dans les obligations du bailleur, admet cependant la subrogation de cet acheteur dans les droits du bailleur, puisqu'il lui permet de demander au preneur le payement des fermages, bien qu'il n'ait pas contracté avec lui, et n'ait pas succédé à la personne du bailleur.

Notre explication, à la fois historique et rationnelle, fait comprendre, aussi bien le maintien des obligations actives que des obligations passives du bailleur et du preneur, dans les rapports de ce dernier avec l'acheteur. Citons avant de terminer sur ce point un effet qui ne peut s'expliquer avec le caractère réel du bail. Chacun sait que le nu-propriétaire doit respecter le bail fait par l'usufruitier (art. 595), et le vendeur à réméré qui exerce le réméré, le bail fait par l'acheteur (art. 1073); or, il est incontestable que tous les droits réels constitués,

soit par l'usufruitier, soit par l'acheteur à réméré, sont
résolus par l'extinction de leur droit : le caractère réel
du bail ne suffira donc pas pour expliquer sa survie.
Cette survie s'explique au contraire, en sous-entendant
la clause de subrogation tacite du nouvel ayant droit dans
les droits et obligations de l'ancien bailleur.

Comme résultat de cette assez longue discussion, nous
constaterons que l'emphytéose est un simple droit personnel donnant seulement naissance à des obligations
entre l'emphytéote et le *dominus*. De cette décision sur
la nature du droit emphytéotique découleront la plupart de ses caractères.

Droits et obligations du preneur.

Il a le droit de jouir de la chose, mais cela dans le sens
le plus restreint; il ne peut, en effet, changer la superficie, ni détériorer, sous les peines portés en l'art. 1184.
Il n'est évidemment plus tenu d'améliorer la chose, mais,
s'il l'a fait, aura-t-il le droit de demander au propriétaire de l'indemniser? La réponse a été tout à fait négative dans l'ancien droit; ici nous croyons devoir distinguer, non pas tant à cause de l'art. 555, que nous croyons
inapplicable à l'espèce, mais à cause des nouveaux principes qui régissent l'emphytéose.

Nous venons de dire que l'art. 555 nous paraissait devoir être écarté. La deuxième partie de cet article montre,
en effet, par les expressions « tiers évincé, » qu'il s'agit
d'une personne possédant pour elle-même, avec l'intention de faire la chose sienne, d'un possesseur en un

mot; or, cette dénomination ne saurait appartenir à un preneur; jamais on ne dira qu'il est « évincé » par son propriétaire. Ajoutons que le possesseur, même de mauvaise foi, en faisant des améliorations, a évidemment eu l'intention de les faire pour lui, tandis que le locataire ne peut invoquer une intention semblable, puisque son titre même lui dit que son droit est temporaire. Enfin, il est constant que l'art. 555 a eu pour but de remplacer, par des dispositions plus équitables, la règle romaine en matière d'améliorations faites par les *possessores bonæ seu malæ fidei;* et il n'est pas douteux, que, dans ce droit, il ne fût question absolument que des possesseurs et non des détenteurs; bien que certains auteurs aient cru voir le contraire dans les lois 55, § 1 et 61, Dig., *Locati conducti,* dont la première s'occupe du cas où les travaux faits l'ont été par suite de la convention, et la seconde donne un argument *a contrario* en faveur de l'opinion que nous avons adoptée.

Les droits du preneur qui a fait des améliorations sont réglés par d'autres principes, qui seront encore applicables aujourd'hui; c'est la combinaison des règles suivantes : il doit rendre les choses en l'état où il les a reçues; le propriétaire ne doit point s'enrichir à ses dépens, il lui doit compte des sommes qu'il a dépensées comme son gérant d'affaires.

Remarquons que cette discussion ne porte que sur les améliorations immobilisées; quant aux autres le droit d'accession ne leur étant pas applicable, le preneur, qui en est resté propriétaire, peut les enlever en prenant soin de ne pas détériorer l'immeuble.

Quant aux améliorations immobilisées, ou bien elles

ont été nécessaires à la conservation de la chose, et le preneur a agi comme gérant d'affaires du propriétaire qu'il n'avait pas eu le temps de prévenir : en ce cas, ce dernier lui doit la totalité de ses impenses, quand même la chose aurait péri depuis; ou bien les dépenses ne sont qu'utiles ou voluptuaires : en ce cas, le propriétaire ne devant pas s'enrichir aux dépens du preneur, celui-ci aura le droit d'enlever les améliorations faites, pourvu que cela ne l'empêche pas de rendre la chose en l'état où il l'a reçue : c'était la décision romaine (L. 10, § 4, Dig. *Locati conducti*). Tel est aujourd'hui le droit du preneur.

Cette décision devrait être appliquée à l'emphytéote, puisqu'il n'est plus, comme dans l'ancien droit, chargé des grosses réparations sans répétition, et que, n'étant plus soumis à des règles spéciales, les règles générales en matière de louage lui deviennent applicables.

Cette difficulté tranchée, terminons l'énumération de ses droits et obligations. Il peut obliger le propriétaire à le faire jouir, à le garantir de toute éviction, de tout trouble, même partiel, peut demander une réduction du canon au cas d'années stériles, ou de perte partielle; comme son droit n'est pas réel, il ne peut, ni l'hypothéquer, ni le revendiquer contre des tiers qui l'auraient dépossédé; dans ce dernier cas il ne peut que s'adresser au propriétaire; tenu personnellement, il ne peut se décharger de ses obligations par le délaissement. Il n'est pas possesseur, mais simple détenteur, et à ce titre ne paye pas les impôts, en ce sens, du moins, que tenu envers le fisc, d'après l'art. 147, L. 3 de frimaire an VII, il a e droit, à moins de conventions contraires, d'en retenir le montant sur le prix de son fermage. Il n'a pas les actions possessoires, mais seulement le droit de poursuivre ceux qui apporteraient de simples troubles de fait à sa jouissance : ainsi, couperaient ses moissons, meurtriraient ses arbres, etc. Il doit payer régulièrement au propriétaire le fermage, faire les réparations locatives, et le prévenir des troubles de droit apportés à sa jouissance, s'il veut conserver la faculté de demander une diminution de fermage.

Le preneur a contre le bailleur une action personnelle pour se faire mettre, puis maintenir en jouissance; le bailleur a contre le preneur une action également personnelle pour le contraindre à exécuter ses diverses obligations.

Modes de constitution de l'emphytéose.

Le plus ordinaire est le contrat; mais on ne voit pas pourquoi le testament ne pourrait pas être employé; seulement la disposition sera toujours conditionnelle, il faudra voir si le légataire consent à payer le fermage.

Elle ne peut plus s'établir par prescription puisque, non plus que la redevance, elle n'est plus un droit réel, et que la prescription ne crée pas les droits personnels. Ainsi, même après trente ans de jouissance, il ne pourrait invoquer cette durée comme un droit au maintien du bail emphytéotique pour une durée nouvelle, qu'il serait d'ailleurs assez difficile de fixer. La tacite réconduction devient possible, l'emphytéose n'étant plus une délibation importante de la propriété.

Modes de transmission.

L'emphytéote peut céder ou sous-louer son droit par contrat ou testament, sans autorisation du propriétaire, et sans être obligé de le lui offrir d'abord ; il ne lui doit non plus aucun droit pour la mutation ; mais il reste personnellement tenu du payement des fermages, et autres obligations résultant du bail.

Le droit au bail passe aux héritiers de l'emphytéote comme tous ses autres droits personnels, et se divise de plein droit entre eux ; mais du moment que l'un d'eux n'exécute pas ses obligations à l'égard du bailleur, celui-ci peut demander la résiliation pour le tout. Du moment, en effet, que ces obligations ne sont pas accomplies en entier, le contrat est violé, et l'art. 1741 reçoit son application.

Modes d'extinction.

Ce sont l'arrivée du terme, la perte totale du fonds, ou la perte partielle (art. 1722) si le preneur demande la résiliation, la confusion des droits du preneur et du bailleur, la prescription de trente années au profit du propriétaire qui a repris possession de son fonds, et la prescription de même durée au profit d'un tiers. Remarquons, en effet, que la prescription libératoire seule fait périr l'emphytéose, puisque celle-ci n'est plus un droit réel, de sorte que, si un tiers avait acquis par prescription de 10 ou 20 ans le fonds emphytéotique, sans doute l'emphytéote ne pourrait s'adresser à lui parce qu'il n'a pas d'action possessoire ou réelle contre les tiers, mais il pourrait, tant que sa dépossession ne date pas de 30 ans, agir contre le bailleur.

L'emphytéose ne peut cesser par la prescription de la propriété au profit de l'emphytéote, parce que, n'étant qu'un détenteur précaire, il possède pour autrui, et ne peut intervertir son titre et posséder pour lui-même; mais elle peut cesser par la prescription libératoire à son profit, par application de l'art. 2262, et par argument de l'art. 2263 qui prouve que même les dettes successives sont aujourd'hui susceptibles de prescription libératoire.

L'emphytéose peut encore s'éteindre par la déchéance du preneur.

Cette déchéance peut avoir plusieurs causes:

La première est la détérioration; elle était admise dans l'ancien droit, et à plus forte raison doit-elle être admise aujourd'hui. Elle résulte formellement pour le bail de l'art. 1741 et d'un argument *à fortiori* de l'art. 1729; car, s'il est permis au propriétaire de demander la résiliation pour un dommage éventuel, à plus forte raison le pourra-t-il faire pour un dommage causé. Mais il est évident que les tribunaux auront un pouvoir d'appréciation, et pourront accorder à l'emphytéote des délais pour remettre le fonds en état, par application du principe général de l'art. 1184.

La seconde est le non-payement du canon; le délai de deux années n'existe plus; mais ici, encore, il faut, sur le droit d'appréciation des tribunaux, appliquer l'article 1184.

Quant à la troisième cause de déchéance existant dans

l'ancien droit, celle pour non-accomplissement des conditions requises en matière d'aliénation, elle n'existe plus. En effet, nous avons dit plus haut qu'aucune formalité, le payement d'aucun droit, n'étaient exigés pour la transmission du bail ; seulement, si l'emphytéote cède ou sous-loue, alors que le contrat le lui a défendu, il y aura, par application de l'art. 1741, combiné avec l'article 1184, lieu à déchéance pour non-accomplissement de ses obligations. Par ces derniers mots, l'on peut voir que la peine de la déchéance, accompagnée de dommages-intérêts, a été généralisée en droit moderne, mais notablement adoucie, grâce au large pouvoir d'appréciation des tribunaux.

Au sujet de la seconde cause de déchéance, il se présente une difficulté pour les concessions emphytéotiques antérieures au Code : nous savons, en effet, que la jurisprudence des Parlements, non-seulement en l'absence, mais même en présence d'une clause spéciale stipulant la déchéance de plein droit pour défaut de payement du canon ou autres charges, s'arrogeait le droit d'accorder des délais. En face d'une concession emphytéotique antérieure au Code, et par conséquent réglé par les règles de l'ancien droit pour tout ce qui n'a pas été abrogé par les lois révolutionnaires, quelle interprétation donner à une clause formelle de déchéance de plein droit ? Si le contrat était muet, il n'y aurait pas de difficulté, car la règle de l'art. 1184 est la même que celle des anciens Parlements.

Aujourd'hui, d'après l'art. 1183, quand une condition résolutoire formelle est insérée au contrat, la résolution a lieu de plein droit, en ce sens, que les tribunaux auxquels elle est demandée ne peuvent accorder de délai :

« La condition résolutoire opère la révocation de l'obligation », dit cet article, et la restriction qui se trouve au *secundo* de l'art. 1184 ne s'applique qu'au cas de condition résolutoire tacite.

Certains auteurs, entre autres MM. Zachariœ et Le Halleur admettent de plus une solution intermédiaire entre celle de l'art. 1183 et celle de l'art. 1184 ; elle serait basée sur l'art. 1656 au titre de la Vente qui serait une application et non une exception aux principes généraux. Voici leur raisonnement : les art. 1183 et 1656 ne sont que des conséquences de la règle sur la mise en demeure posée dans l'art. 1139, tant que le débiteur, l'emphytéote dans l'espèce, n'est pas en demeure, il n'y a pas lieu à la résolution ; or, d'après ce même article, la mise en demeure n'a lieu que par une sommation ou par l'effet de la convention, si elle porte que, « sans qu'il soit besoin d'acte, et par la seule échéance du terme, le débiteur sera en demeure » ; cette formule est solennelle, et comme elle n'est point employée dans l'hypothèse de l'art. 1656, cela montre que cet article prévoit un cas différent du *secundo* de l'art. 1139, et ne contredit pas l'article 1183 qui, d'après ces auteurs, se place dans l'hypothèse de ce *secundo*.

Ainsi, dans le droit actuel, la résolution ne serait que la suite de la mise en demeure, et se présenterait sous trois formes distinctes : ou bien le contrat est muet : en ce cas une sommation est nécessaire avant que la résolution ne devienne possible ; application des art. 1183 et 1139-1° ; ou bien le contrat porte la clause résolutoire solennelle : la résolution a lieu de plein droit ; application des art. 1183 et 1139-2° ; ou bien le contrat porte la clause résolutoire formelle, mais non solennelle : en ce cas une sommation sera nécessaire pour mettre en demeure, mais ensuite la résolution devra être prononcée; application des art. 1656 et 1189.

M. Troplong n'admet pas cette manière de voir; il considère l'art. 1656 comme constituant une exception au principe posé par l'art. 1183, qui déclare que, dans le cas de clause résolutoire formelle, l'arrivée de la condition « remet les choses au même état que si l'obligation n'avait pas existé », effet totalement indépendant de la mise en demeure.

Aussi, comme les exceptions sont *stricti juris*, M. Troplong restreint-il l'application de l'art. 1656 au seul cas de vente; dans ce cas, la clause résolutoire insérée au contrat ne suffira pas pour remettre les choses au même état que si la vente n'avait pas été faite; il faudra de plus une sommation.

Cette opinion a pour elle qu'il serait assez bizarre que les législateurs eussent attendu jusqu'au titre de la Vente, pour poser une règle générale en matière de condition résolutoire, et que les lois comme les conventions doivent être expliquées *secundum subjectam materiam*. Enfin, le formalisme romain ayant été presque complètement abandonné par le Code, ne doit être conservé que là où la loi le dit formellement; elle le dit pour la mise en demeure, mais ne le dit pas pour l'échéance de la condition.

Ainsi, aujourd'hui pour l'emphytéose, comme pour tout autre contrat, sauf la vente, la clause résolutoire, au cas de stipulation formelle, sera régie par l'art. 1183, et, en l'absence de stipulation semblable, par l'art. 1184.

Cela posé, revenons à notre question. Lequel des deux droits, ancien ou nouveau, faudra-t-il appliquer en présence d'une clause résolutoire expresse insérée dans une concession emphytéotique antérieure au Code?

La Cour de Cassation a appliqué le droit nouveau par cette considération, que tout ce qui regarde seulement l'exécution des conventions, la mise en demeure, doit être régi par les lois de l'époque où la question se soulève; car c'est là presque de la procédure.

D'après MM. Troplong et Le Halleur, la Cour aurait commis une erreur. En effet, sous prétexte de régler l'exécution de la convention, elle l'interprète, et cela au moyen des lois nouvelles tout à fait contraires à l'ancienne jurisprudence; de sorte que ce qui n'avait aucun sens, était de style, prend une signification, et que le contrat lui-même reçoit une modification dans l'une de ses clauses; ce qui constitue au plus haut point l'effet rétroactif prohibé par la loi. MM. Troplong et Le Halleur veulent dès lors que cette clause de l'emphytéose, comme toutes celles que le droit révolutionnaire a laissé subsister, soit interprétée conformément aux règles de la jurisprudence ancienne.

Tout serait dit sur l'emphytéose dans le droit moderne, si nous ne croyions utile de mettre en regard des règles, conséquences de l'opinion que nous avons adoptée ici sur la nature de l'emphytéose, un résumé rapide des résultats du troisième système, celui qui donne à l'emphytéote un *jus in re*.

L'emphytéote a un droit de jouissance assez étendu; il peut modifier la superficie, mais ne peut détériorer le fonds; il n'est pas tenu d'améliorer, mais doit cependant faire toutes les réparations, même les grosses, sans répétition. Il ne sera pas pourtant obligé de reconstruire en cas de destruction par force majeure. Les améliorations par lui faites iront au propriétaire à la fin du bail sans indemnité : certains auteurs appliquent cependant l'article 555. Il ne peut demander de réduction, ni au cas de stérilité, ni au cas de perte partielle : certains auteurs lui accordent ce droit quand le canon est proportionné aux fruits.

Ayant un droit réel il peut l'hypothéquer.

Il est possesseur, et en a les avantages, actions possessoires, etc. Il en a aussi les charges, il paye les impôts, et sans répétition, sauf pour un cinquième. (Loi du 11 frimaire an VIII et avis du Conseil d'État, du 4 janv. 1809.)

Il doit payer le canon, et cette redevance n'a plus (nous avons examiné cette question sous le droit intermédiaire) un caractère réel et foncier. Merlin est d'opinion contraire.

Il doit entretenir la chose et la rendre en bon état.

Il a les actions possessoires, bien que quelques arrêts les lui refusent, même contre le propriétaire ; il a de même les actions pétitoires. De plus il a contre lui une action personnelle en délivrance de la chose, quand la convention n'a pas transmis le droit réel, et une action en garantie, quand, le fonds n'appartenant pas audit propriétaire ; il en est évincé.

Le propriétaire a contre lui une action personnelle en payement du canon et des autres charges ; cette action devient hypothécaire si l'emphytéote actuel n'est qu'un ayant cause particulier du concessionnaire primitif.

L'emphytéose se crée par contrat, ce qui fait naître

une obligation, ou bien un droit réel, selon que le fonds concédé est ou n'est pas déterminé. (Application de l'article 711, où « propriété » est pris dans le sens de « droit réel ».)

Elle se peut créer aussi par donation ou par testament, mais non par prescription, la prescription n'étant pas un moyen de créer des obligations, et la redevance ayant perdu son caractère réel ; seulement si l'emphytéose a été constituée par contrat *a non domino*, certains auteurs décident que le vrai propriétaire devra respecter la concession comme ayant été faite par son gérant d'affaires. Mais, on le voit, ce n'est pas une dérogation au principe de non prescriptibilité de l'emphytéose.

L'emphytéote peut céder son droit sans le consentement du propriétaire, et sans avoir de droit à lui payer, la commise est donc supprimée pour ce cas ; mais il restera tenu personnellement des charges, à moins que le propriétaire n'ait fait novation avec le nouvel emphytéote.

La concession passe aux héritiers du preneur jusqu'à la limite de sa durée ; elle peut comme les autres droits réels être divisée entre eux, mais le défaut de l'un d'eux d'accomplir ses obligations, permettra de demander la résolution pour le tout.

Elle s'éteint : par l'arrivée du terme, par la perte totale, mais non par le délaissement, le preneur étant personnellement tenu du payement de la redevance ; elle s'éteint par la confusion des droits du preneur et du bailleur, par la prescription de la pleine propriété au profit du bailleur qui a repris possession de son fonds, ou au profit d'un tiers possesseur ; par la prescription libératoire de l'emphytéote qui pendant 30 ans n'a pas payé son canon, (argument de l'art. 2263.) La prescription acquisitive est impossible pour lui; la redevance ayant revêtu un caractère personnel, ce ne serait plus un débordement, mais une interversion de son titre.

L'emphytéose s'éteint enfin par la déchéance : 1° pour détérioration, 2° pour inexécution des obligations; seulement dans ces deux cas les tribunaux auront le droit d'accorder des délais.

Ici se présente la question transitoire que nous avons examinée plus haut au cas de clause résolutoire formelle; les partisans de l'opinion dont nous exposons les résultats sont divisés : les uns appliquent le droit actuel, les autres la jurisprudence des parlements aux baux antérieurs au Code civil; nous avons dit déjà notre avis à ce sujet dans le système que nous adoptons, il serait le même ici.

Par cet exposé rapide l'on voit que la controverse sur la nature actuelle du droit emphytéotique n'est pas une pure question de mots, mais que, selon qu'on le considère comme un droit réel spécial, ou comme un simple bail, on arrive à des conséquences tout à fait opposées.

Nous voici arrivés au terme de ce travail, et nous pourrons affirmer que l'emphytéose est une des matières les plus obscures que le droit romain ait transmises au moyen âge, et celui-ci à l'époque actuelle, car tout, depuis son origine jusqu'à son existence présente, donne lieu à controverse.

Née des concessions de *l'ager vectigalis*, se rattachant selon des opinions diverses, soit à la vente, soit au louage, affectée aux biens du fisc sous le nom de *jus perpetuum salvo canone*, employée pour les biens des particuliers vers Dioclétien et Maximien, recevant une nature et des règles spéciales des constitutions de Zénon et de Justinien, qui cependant sont loin de faire cesser toutes les difficultés, disparaissant presque dans la ruine de l'empire Romain, et cependant marquant de ses caractères plusieurs concessions barbares; confondue avec les concessions féodales, au point que son nom même est donné aux droits les plus divers, et que c'est à grand' peine, au milieu des contradictions des auteurs et de la jurisprudence, que l'on parvient à la reconstituer; supprimée en partie par la révolution, qui ne s'est pas souvenue de son origine romaine et n'a vu que ses rapports avec la féodalité; voyant enfin son existence même contestée aujourd'hui; telle a été, telle est l'emphytéose, qui depuis son berceau jusqu'à sa fin n'a jamais rien eu de nettement défini, mais a rendu, à cause de cela peut-être, d'incontestables services, tant vers la fin de l'empire Romain, qu'à l'époque féodale.

POSITIONS.

DROIT ROMAIN.

I. Ce n'est pas seulement dans le cas d'aliénation du *jus perpetuum* par donation, que l'autorisation du juge est requise pour décharger le vendeur de son obligation personnelle envers le fisc.

II. L'emphytéote ne peut détériorer.

III. Il a un droit réel sur le fonds.

IV. L'écriture n'est pas requise pour la validité du contrat emphytéotique.

V. Le contrat emphytéotique ne crée pas le droit réel.

VI. Le *dominus* ne peut en même temps exercer le retrait et percevoir le cinquantième.

VII. Le *dominus* qui demande la déchéance peut aussi demander les termes arriérés.

DROIT FRANÇAIS.

I. La redevance emphytéotique dans le droit intermédiaire n'est pas susceptible d'hypothèques.

II. L'emphytéose n'existe plus à l'état de droit spécial sous le Code civil.

III. L'emphytéose n'est pas un droit réel.

IV. La clause résolutoire formelle insérée dans une emphytéose antérieure au Code civil doit être interprétée conformément à la jurisprudence des Parlements, et non aux principes de notre droit actuel.

HISTOIRE DU DROIT.

I. L'emphytéose ne vient pas des concessions de l'*ager publicus*.

II. Les bénéfices de l'époque franque n'ont pas pour origine les bénéfices militaires romains.

III. L'emphytéose en droit féodal a des caractères propres.

DROIT ADMINISTRATIF.

I. L'étranger non naturalisé, mais ayant obtenu l'autorisation d'établir son domicile en France, a droit à l'affouage.

II. La vente de sa démission par un officier public, hors les cas spécialement prévus par la loi, est nulle.

III. L'expropriation pour cause d'utilité publique ne résout pas les baux en cours d'exécution.

DROIT CRIMINEL.

I. L'accusée acquittée pour infanticide peut être poursuivie pour homicide par imprudence.

II. La connivence du mari à l'adultère de sa femme ne le rend pas non recevable à poursuivre cet adultère.

III. La mise en prévention de plus de vingt personnes n'est pas nécessaire pour constituer le délit prévu et puni par l'art. 291 du Code pénal.

Vu par le Président de la Thèse,
E. MACHELARD.

Vu par le Doyen de la Faculté,
C.-A. PELLAT.

Permis d'imprimer :
Le Vice-Recteur de l'Académie,
A. MOURIER.